36회 시험 대비 예방접종

민법 이론 총정리

- 3시간 안에 볼 수 있으면 무조건 합격 -

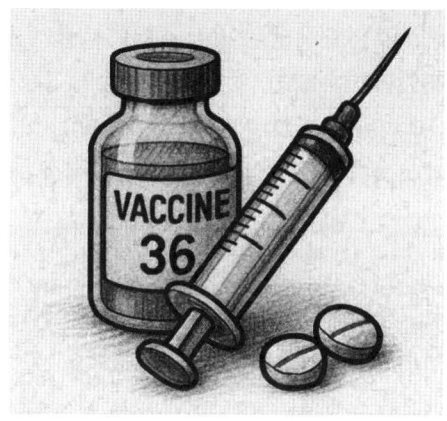

【효능 · 효과】

✓ 시험으로 인한 긴장, 초조, 불안 / 마무리 정리에 대한 막막함

【용법 · 용량】

✓ 글을 읽는 속도를 측정하여 점차 그 속도를 높인다.

… 1페이지 당 2분 30초 ⇨ 2분 30초 × 74페이지 = 3시간

✓ 1페이지 당 2분 30초의 속도로 반복하여 읽는다.

… 시험 전까지 5번 이상 읽는다.

【주의사항】

✓ 과잉복용하면 시험이 쉽게 느껴져 졸음을 유발할 수 있음

Chapter 01 | 민법총칙

1. 법률행위의 종류

① 해제는 단독행위이고, 합의해제는 계약이다. (합의해제 = 해제계약) ⇨ 75

② 매매의 일방예약은 계약이다. (예약은 언제나 계약이다.)

③ 소유권의 포기는 상대방 없는 단독행위이고, 공유지분권의 포기나 합유지분권의 포기는 상대방 있는 단독행위이다. ⇨ 32①, 50②

----

④ 매매, 교환, 임대차는 무권리자가 하더라도 유효하지만, 지상권설정이나 저당권설정은 무권리자가 하면 무효이다. (전자는 채권행위(의무부담행위)이고, 후자는 물권행위(처분행위)이기 때문) ⇨ 52①, 60①

2. 법률행위 목적의 확정, 가능, 적법

① 법률행위의 목적은 이행기까지만 확정되면 족하다. (법률행위 성립 당시에 구체적으로 확정되어 있을 필요는 없다.)

----

② 목적이 불능인 법률행위는 효력이 없다. (원시적 불능 → 무효)

③ 계약성립 후 채무이행이 불가능하게 되었다고 해서 계약이 무효로 되는 것은 아니다. (후발적 불능 → 유효)

----

④ 강행법규를 위반하여 무효인 계약은 상대방이 선의·무과실이라도 비진의표시나 표현대리의 법리가 적용될 여지가 없다. (상대방이 강행법규 위반에 대해 선의·무과실이라도 계약이 유효로 되지 않는다는 의미이다.) ⇨ 21⑤

⑤ 강행법규를 위반하여 무효인 법률행위는 추인에 의해 유효로 될 수 없다. (반사회질서의 법률행위, 불공정한 법률행위도 같다. 강·반·불 公式) ⇨ 5⑤, 8⑨

⑥ 강행법규에 위반한 자가 스스로 그 약정의 무효를 주장하는 것이 신의칙에 반하는 것이라고 할 수 없다. (즉 강행법규를 위반한 자도 스스로 그 약정의 무효를 주장할 수 있다.)

3. **불능** 甲과 乙은 2025년 10월 1일 甲 소유의 건물에 대한 매매계약을 체결하고 10월 31일 소유권을 이전하기로 약정하였는데, 10월 20일에 발생한 화재로 건물이 소실되었다. ⇨ 71

① 그 화재가 甲의 과실로 인한 것이라면 乙은 매매계약을 해제하고 손해배상을 청구할 수 있다. (채무불이행책임. 이행이익 배상)

----

② 그 화재가 이웃의 실화로 인한 것이라면 甲과 乙의 채무는 모두 소멸하여 甲은 乙에게 대금지급을 청구할 수 없다. (채무자 위험부담)

③ 만약 화재로 인한 건물소실이 2025년 9월 30일에 일어났다면 위 매매계약은 처음부터 무효이다. (원시적 불능으로 무효)

④ ③에서 甲이 건물의 소실을 알았거나 알 수 있었을 때에는 선의·무과실의 乙이 계약의 유효를 믿었음으로 인하여 입은 손해를 배상하여야 한다. (계약체결상의 과실책임. 신뢰이익 배상)

4. 효력규정과 단속규정

① 공인중개사 자격이 없는 자가 중개사무소 개설등록을 하지 않은 채 부동산중개업을 하면서 체결한 중개수수료 지급약정은 무효 (단, 중개를 업으로 한 것이 아니라면 유효하다. 가령 우연한 기회에 단 1회 중개한 경우라면 그에 따른 중개수수료 지급약정은 유효하다.)

② 법정한도를 초과하는 중개보수약정은 무효 (한도를 초과하는 부분은 무효이고, 초과지급된 보수는 부당이득으로 반환청구할 수 있다.)

③ 미등기전매 및 중간생략등기에 관한 합의는 유효 (단속규정 위반)

④ 증여로 취득한 부동산을 매매를 원인으로 소유권이전등기를 경료하더라도 등기 자체는 유효 (단속규정 위반) ⇨ 11⑤

⑤ 개업공인중개사와 의뢰인 간의 직접 거래는 유효 (단속규정 위반)

⑥ 주택법의 전매제한을 위반한 전매약정은 유효 (단속규정 위반)

5. 반사회질서의 법률행위

① 사회질서 위반 여부는 법률행위 당시를 기준으로 판단한다. (불공정행위도 같다.) ⇨ 8①

② 동기의 불법은 원칙적으로 법률행위의 효력에 영향을 미치지 않는다. (동기가 불법적이어도 법률행위는 유효한 것이 원칙이다.)

③ 상대방에게 표시된 법률행위의 동기가 사회질서에 반하는 경우, 그 법률행위는 반사회질서의 법률행위로서 무효이다. (가령 도박자금에 제공할 목적으로 금전을 대여한 경우)

④ 반사회질서의 법률행위의 무효는 선의의 제3자에게 대항할 수 있다. (절대적 무효)

⑤ 반사회실서의 법률행위는 당사자가 무효인 줄 알고 추인하더라도 새로운 법률행위로서 유효로 될 수 없다. (강행규정 위반, 반사회질서, 불공정한 법률행위 모두 마찬가지)

⑥ 부첩관계의 대가로 아파트의 소유권을 이전해 주었다면 부당이득을 이유로 그 반환을 청구할 수 없다. (불법원인급여)

⑦ ⑥에서 첩으로부터 부동산을 전득한 자는 전득 당시 그 사실을 알았던 경우에도 소유권을 취득한다. (엄폐물 법칙)

6. 반사회질서의 법률행위가 아닌 것

① 법률행위의 성립과정에 강박이라는 불법적 방법이 사용된 경우 (법률행위의 방법·수단 ≠ 법률행위의 내용 / 강박의 정도가 극심하면 무효, 극심한 정도가 아니면 취소)

② 강제집행을 면할 목적으로 허위의 근저당권을 설정하는 행위 (허위표시여서 무효일 뿐 반사회질서의 법률행위는 아니다.) ⇨ 11②

③ 양도소득세 회피 및 투기 목적의 미등기전매 (부동산등기특별조치법 위반으로 처벌받지만 미등기전매계약 자체는 유효하다. 단속규정 위반)

④ 상속세를 면탈할 목적으로 피상속인 명의로부터 타인에게 소유권이전등기를 경료한 행위 (일종의 중간생략등기. 실체관계에 부합하여 유효)

⑤ 농지법의 제한을 회피하기 위한 명의신탁약정 (부동산실명법 위반으로 무효일 뿐 반사회적 법률행위는 아니다. → 명의수탁자 명의의 등기는 불법원인급여가 아니다.)

⑥ 주택매매계약에서 매도인이 양도소득세를 면탈하기 위하여 소유권이전등기를 일정 기간 이후에 하기로 하는 특약 (그와 같은 목적은 특약의 연유나 동기에 불과한 것)

⑦ 도박채무의 변제를 위하여 도박채무자가 도박채권자에게 부동산처분에 관한 대리권을 수여한 행위 (단, 도박채무 부담행위 및 그 변제약정은 반사회적 법률행위로서 무효이다.)

7. **이중매매** 甲은 자기 소유 건물에 대한 매매계약을 乙과 체결한 후 등기명의가 자기에게 남아있음을 기화로 같은 건물을 다시 丙에게 매도하고 소유권이전등기를 경료해 주었다.

① 丙은 甲, 乙 간의 매매에 대한 선·악을 불문하고 원칙적으로 건물의 소유권을 취득한다. (丙이 악의인 것만으로는 甲, 丙 간의 매매가 반사회적 법률행위로서 무효로 되지 않는다.)

② 丙이 甲의 배임행위에 적극 가담하였다면 甲, 丙 간의 매매계약은 사회질서에 반하는 법률행위로서 무효가 된다.

③ ②에서 乙은 甲을 대위하여 丙에게 등기의 말소를 청구할 수 있다. (乙이 丙에게 직접 등기말소를 청구하거나 진정명의회복을 위한 소유권이전등기를 청구할 수는 없다.)

④ ②에서 丙으로부터 그 건물을 선의로 양수한 丁도 건물의 소유권을 취득하지 못한다. (甲, 丙 간의 매매는 반사회질서의 법률행위로서 절대적 무효이므로 선의의 丁도 甲, 丙 간의 매매가 유효하다고 주장할 수 없다.)

⑤ 만일 戊가 丙을 대리하여 건물을 매수하면서 甲의 배임행위에 적극 가담하였다면, 丙은 그러한 사정을 모른 경우에도 소유권을 취득하지 못한다. (적극 가담 여부는 본인이 아닌 대리인을 기준으로 판단한다.)

⑥ 甲의 이중매매가 사해행위에 해당하는 경우에도 乙은 甲, 丙 간의 매매계약에 대하여 채권자취소권을 행사할 수 없다. (乙은 금전채권자가 아니어서 채권자취소권을 행사할 자격이 없다.) ⇨ 11④

8. 불공정한 법률행위

① 어떤 법률행위가 불공정한 법률행위에 해당하는지는 법률행위 당시(=계약체결 당시)를 기준으로 판단하여야 한다. (계약체결 당시를 기준으로 불공정한 것이 아니라면, 사후에 외부적 환경의 급격한 변화에 따라 계약당사자 일방에게 큰 손실이 발생하고 상대방에게는 큰 이익이 발생할 수 있는 구조라고 하여 그 계약이 당연히 불공정한 계약에 해당한다고 할 수 없다.)

② 급부와 반대급부 사이의 현저한 불균형 여부는 당사자의 주관적 가치가 아닌 거래상의 객관적 가치에 따라 판단하여야 한다.

③ 무경험이란 특정 영역에서의 경험부족이 아니라 일반적인 생활체험의 부족, 즉 거래 일반에 대한 경험부족을 의미한다.

④ 대리행위의 경우, 경솔과 무경험은 대리인을 기준으로 판단하고, 궁박은 본인의 입장에서 판단한다.

⑤ 피해자가 궁박한 상태에 있었다 하더라도 상대방이 그와 같은 사정을 알면서 이용하려는 의사가 없었다면 불공정한 법률행위는 성립하지 않는다. (폭리행위의 악의 要, 궁박 등에 대한 인식만으로는 부족하다.)

⑥ 법률행위가 현저하게 공정을 잃었다 하여 곧 그것이 궁박, 경솔하게 이루어진 것으로 추정되지 않는다. (따라서 무효를 주장하는 피해자는 급부와 반대급부 사이의 현저한 불균형과 함께 자신의 궁박, 경솔, 무경험을 스스로 입증하여야 한다.)

⋯⋯⋯⋯⋯⋯⋯⋯⋯⋯⋯⋯⋯⋯⋯⋯⋯⋯⋯⋯⋯⋯⋯⋯⋯⋯⋯⋯⋯⋯⋯⋯

⑦ 폭리자는 부당이득반환을 청구할 수 없지만, 피해자는 부당이득반환을 청구할 수 있다. (폭리자에게만 불법성이 있으므로)

⑧ 토지매매계약이 불공정한 법률행위로 무효이면 그 토지를 전득한 제3자는 선의라도 소유권을 취득하지 못한다. (불공정한 법률행위는 절대적 무효이므로 선의의 제3자에 대하여도 무효를 주장할 수 있다.)

⑨ 불공정한 법률행위로서 무효인 경우에는 추인에 의하여 유효로 될 수 없다. (추인은 같은 내용의 법률행위를 다시 하는 것이므로)

⑩ 불공정한 법률행위로서 무효인 경우에도 전환에 의하여 유효로 될 수 있다. (전환은 다른 내용의 법률행위로 바꾸는 것이므로) ⇨ 22④

⑪ 매매계약이 불공정한 법률행위에 해당하여 무효이면 그에 관한 부제소합의(不提訴合意) 역시 무효이다.

⋯⋯⋯⋯⋯⋯⋯⋯⋯⋯⋯⋯⋯⋯⋯⋯⋯⋯⋯⋯⋯⋯⋯⋯⋯⋯⋯⋯⋯⋯⋯⋯

⑫ 증여와 같은 무상행위는 불공정한 법률행위에 해당하여 무효로 되는 일이 없다. (일방적인 급부만 있고 반대급부는 없기 때문)

⑬ 경매는 불공정한 법률행위로서 무효로 될 여지가 없다.

⑭ 단독행위도 불공정한 법률행위에 해당되어 무효로 될 수 있다. (아내가 경제적, 정신적 궁박 상태에서 구속된 남편의 외상대금채권을 포기한 사례)

9. 법률행위의 해석

① 상대방 있는 의사표시에서 의사와 표시가 일치하지 않는 경우, 원칙적으로 규범적 해석을 해야 한다. (규범적 해석 : 표의자가 표시행위에 부여한 객관적 의미를 해석하는 것)

② ①에서 상대방이 표의자의 진정한 의사를 안 경우에는 자연적 해석을 해야 한다. (자연적 해석 : 표의자의 내심적 효과의사(=진의)를 밝히는 것)

③ 상대방이 착오자의 진의에 동의한 경우에는 표의자는 착오를 이유로 의사표시를 취소할 수 없다. (자연적 해석이 적용되면 착오로 인한 취소의 문제가 생기지 않는다.)

④ 표의자와 상대방의 의사가 일치된 경우에는 설령 표시가 잘못되었다 하더라도 의사표시는 일치된 의사대로 효력을 가진다. (오표시무해의 원칙. 자연적 해석)

⑤ 매매계약의 당사자 쌍방이 모두 토지의 지번에 착오를 일으켜 계약서에 토지의 지번을 잘못 표시한 경우, 계약서에 표시된 토지가 아닌 실제로 의사의 합치가 있는 토지에 대한 매매계약이 성립한다. (오표시무해의 원칙. 자연적 해석)

⑥ 명의신탁약정이 이른바 3자간 등기명의신탁인지 아니면 계약명의신탁인지의 구별은 계약당사자가 누구인가를 확정하는 문제로 귀결된다.

⑦ 타인을 통하여 부동산을 매수함에 있어 매수인 명의를 그 타인 명의로 하기로 하였다면 그 명의신탁관계는 계약명의신탁이다. (그 타인(=명의수탁자)이 매매당사자이므로)

⑧ 계약명의자가 명의수탁자로 되어 있더라도 계약당사자를 명의신탁자로 볼 수 있다면 그 명의신탁관계는 3자간 등기명의신탁이다. (계약명의자인 명의수탁자가 아니라 명의신탁자에게 계약에 따른 법률효과를 직접 귀속시킬 의도로 계약을 체결한 사정이 인정된다면 명의신탁자가 계약당사자이다. 대판22)

10. 진의 아닌 의사표시

① 진의 아닌 의사표시는 표시행위에 상응하는 내심의 효과의사가 없음을 표의자가 알고 있는 경우이다. (이 점에서 착오와 구별된다.)

② 진의란 특정한 내용의 의사표시를 하고자 하는 표의자의 생각을 말한다. (표의자가 마음속에서 진정으로 바라는 사항을 뜻하는 것이 아니다.)

③ 강박에 의해 증여의 의사표시를 하였다고 하여 진의 아닌 의사표시라고 할 수 없다. (진의라는 의미. 단, 강박을 이유로 취소할 수 있다.)

④ 회사의 경영방침에 따라 제출한 중간퇴직의 의사표시는 진의 아닌 의사표시이다. (상대방인 회사가 비진의표시임을 알았거나 알 수 있었으므로 무효이다.)

⑤ 회사의 강요에 의하지 않고 자의로 제출한 중간퇴직의 의사표시는 진의 아닌 의사표시로 볼 수 없다. (진의이므로 유효하다.)

⑥ 대출절차상 편의를 위하여 채무자로서의 명의를 빌려준 자에게는 채무부담의 의사(=진의)가 없었다고 볼 수 없다. (진의라는 의미. 따라서 상대방 은행이 그러한 사정을 알았더라도 대출계약은 유효하다.)

⑦ 진의 아닌 의사표시도 표시된 대로 효력이 발생하는 것이 원칙이다. (상대방이 선의·무과실 → 유효)

⑧ 진의 아닌 의사표시는 상대방이 알았거나 알 수 있었던 경우에는 무효이다. (상대방이 악의 또는 과실 → 무효)

⑨ 비진의표시의 무효를 주장하는 자는 상대방이 표의자의 진의 아님을 알았거나 알 수 있었다는 것을 증명하여야 한다. (표의자가 상대방의 악의 또는 과실을 입증하여야 한다.)

⑩ 비진의표시의 무효는 선의의 제3자에게 대항하지 못한다. (상대적 무효)

- -

⑪ 상대방 있는 단독행위에도 비진의표시에 관한 규정이 적용된다.

⑫ 공법행위에는 비진의표시에 관한 민법규정이 적용되지 않는다. (가령 공무원의 사직의 의사표시는 진의가 아닌 경우에도 언제나 유효하다.)

⑬ 대리인이 대리권을 남용하여 배임적 대리행위를 한 경우, 진의 아닌 의사표시에 관한 규정이 유추적용된다. (상대방이 대리인의 대리권남용을 알았거나 알 수 있었을 경우, 그 대리행위는 본인에게 효력이 없다.) ⇨ 17④

11. 통정허위표시

① 통정허위표시가 성립하기 위해서는 진의와 표시의 불일치에 관하여 상대방과의 합의가 있어야 한다. (표의자의 인식만으로는 부족하다. 합의 = 통정 = 통모 = 양해 = 짜고)

② 허위표시 자체가 반사회질서의 법률행위인 것은 아니다.

③ 허위표시의 당사자는 상대방에게 이행한 것에 대한 부당이득반환을 청구할 수 있다. (허위표시에 의해 급부한 것은 불법원인급여가 아니다.)

④ 허위표시로 무효인 경우에도 채권자취소(=사해행위취소)의 대상이 될 수 있다.

⑤ 가장행위는 무효이지만, 은닉행위는 그 행위의 요건을 갖추고 있는 한 유효하다. (가령 증여세를 면하기 위해 매매를 가장한 경우, 매매는 무효이지만 증여는 유효하다.)

- -

⑥ 그 누구도 선의의 제3자에게는 허위표시의 무효를 주장할 수 없다. (상대적 무효. 단, 선의의 제3자가 스스로 무효를 주장하는 것은 무방하다.)

⑦ 허위표시의 제3자는 선의로 추정된다. (따라서 허위표시의 무효를 주장하는 자가 제3자의 악의를 증명해야 한다.)

⑧ 제3자는 선의이면 족하고 무과실까지는 요하지 않는다.

⑨ 허위표시의 제3자가 선의인 경우, 그와 다시 거래한 전득자는 악의인 경우에도 권리를 취득한다. (엄폐물 법칙)

⑩ 허위표시의 제3자가 악의인 경우에도 그와 다시 거래한 전득자가 선의인 경우에는 선의로 제3자로 보호된다. (제3자로부터 목적물이나 권리를 양수한 전득자도 허위표시로부터 보호받는 제3자에 해당한다.) ⇨ 12④

⑪ 허위채권을 양수하거나 압류 또는 가압류한 자는 허위표시의 제3자에 해당한다. (선의인 경우 채권을 취득하거나 추심할 수 있다.)

⑫ 가장채권을 보유하고 있던 자가 파산한 경우, 그 파산관재인은 허위표시의 제3자에 해당한다.

⑬ ⑫에서 파산관재인의 선의·악의는 파산관재인 개인이 아니라 총 파산채권자를 기준으로 판단한다. (파산채권자 모두가 악의가 아닌 한 파산관재인은 선의의 제3자로 인정된다.)

⑭ 가장전세권에 관하여 저당권을 취득한 자는 허위표시의 제3자에 해당한다. (선의인 경우 전세권에 대해 저당권을 실행할 수 있다.)

⑮ 가장저당권의 실행으로 부동산을 경락받은 자는 허위표시의 제3자에 해당한다. (선의인 경우 부동산의 소유권을 취득한다.)

⑯ 가장채무를 보증하고 그 보증채무를 이행한 보증인은 허위표시의 제3자에 해당한다. (선의인 경우 채무자에 대한 구상권을 취득한다.)

⑰ 제3자를 위한 계약이 통정허위표시로 이루어진 경우, 수익자는 허위표시의 제3자로 보호받지 못한다. (수익자는 선의인 경우에도 권리를 취득하지 못한다.) ⇨ 72⑥

⑱ 채권의 가장양도에서 아직 채무를 변제하지 않은 채무자는 허위표시의 제3자에 해당하지 않는다. (채무를 변제하기 전이라면 허위표시를 기초로 하여 새로운 이해관계를 맺은 것으로 볼 수 없으므로)

⑲ 가장소비대차에서 대주의 계약상 지위를 이전받은 자는 통정허위표시로부터 보호되는 제3자에 해당하지 않는다. (따라서 차주는 그 자에게 계약이 무효라고 대항할 수 있다.)

12. **가장매매** 甲은 채권자의 강제집행을 피하기 위해 乙과 통모하여 자신의 X부동산을 허위로 매도하고 소유권이전등기를 경료해 주었다.

① 甲은 乙에게 등기말소를 청구하거나 진정명의회복을 원인으로 하는 소유권이전등기를 청구할 수 있다. (허위표시에 의해 급부한 것은 불법원인급여가 아니다.)

② 乙이 선의의 丙에게 X부동산에 대한 저당권을 설정해 준 경우, 甲은 丙에게 저당권설정등기의 말소를 청구할 수 없다. (丙은 허위표시의 제3자에 해당한다.)

③ ②에서 丙의 저당권실행으로 제3자가 X부동산을 매수한 경우, 甲은 乙에게 부당이득금의 반환을 구할 수 있다. (부당이득반환에 있어서 원물반환이 불가능한 경우에는 그 가액을 반환한다(제747조).)

④ X부동산이 乙로부터 丙, 丙으로부터 丁에게 차례로 매도되어 소유권이전등기가 경료된 경우, 허위표시에 대해 丙이 악의라도 丁이 선의이면 甲은 丁 명의의 등기말소를 청구할 수 없다. (악의의 제3자로부터 선의로 전득한 자도 허위표시의 제3자로 보호된다.)

13. 착오로 인한 의사표시

① 법률에 관한 착오도 법률행위의 내용의 중요부분에 관한 것이면 취소의 대상이 될 수 있다. (양도세가 부과될 사안인데 부과되지 않을 것으로 오인한 경우)

② 착오가 미필적인 장래의 불확실한 사실에 관한 것이라도 제109조 소정의 착오에서 제외되는 것은 아니다. (부동산의 양도에 부과될 양도소득세액을 착오한 경우)

③ 표의자가 장래에 있을 어떤 사항의 발생이 미필적임을 알아 그 발생을 예기(豫期)한 데 지나지 않는 경우, 그 기대가 이루어지지 않은 것을 착오로 볼 수 없다. (매수한 임야가 계획관리지역으로 지정되어 공장설립이 가능할 것으로 생각하였으나 보전관리지역으로 지정된 경우)

---

④ 토지를 매수하였는데 법령상의 제한으로 인해 그 토지를 의도한 목적대로 사용할 수 없는 경우, 이는 동기의 착오에 해당한다. (곧바로 벽돌공장을 지을 수 있을 줄 알고 토지를 매입한 경우)

⑤ 동기의 착오를 이유로 법률행위를 취소하려면 그 동기가 상대방에게 표시되어 의사표시의 내용이 되어야 한다. (단, 그 동기를 의사표시의 내용으로 삼기로 하는 별도의 합의까지는 요하지 않는다.) ⇨ 비교 14③

⑥ 상대방에 의해 유발된 동기의 착오는 그 동기가 표시되지 않았더라도 중요부분의 착오가 될 수 있다. (공무원의 법령오해에 따른 설명으로 자신의 토지를 귀속재산일 줄 알고 국가에 증여한 경우)

---

⑦ 착오로 인하여 표의자가 경제적인 불이익을 입은 것이 아니라면 중요부분의 착오라고 할 수 없다. (주채무자의 부동산에 가압류가 있는 줄 모르고 보증을 하였는데 그 가압류가 원인무효로 밝혀진 경우)

⑧ 상대방이 표의자의 착오를 알고 이용한 경우에는 착오가 표의자의 중대한 과실로 인한 것이라도 의사표시를 취소할 수 있다. (그러한 상대방은 보호할 가치가 없으므로)

⑨ 착오를 이유로 의사표시를 취소하는 자는 그 착오가 의사표시에 결정적인 영향을 미쳤다는 점, 즉 만약 착오가 없었더라면 의사표시를 하지 않았을 것이라는 점을 증명해야 한다. (중요부분의 착오라는 점 → 표의자(착오자)가 입증)

⑩ 표의자의 중대한 과실의 유무는 취소권 행사를 막으려는 상대방이 증명해야 한다. (중대한 과실의 존부 → 상대방이 입증)

⑪ 당사자 간의 합의로 착오에 의한 취소권의 발생을 배제할 수 있다. (착오로 인한 취소권을 규정한 민법 제109조는 임의규정이다.)

---

⑫ 표의자가 착오를 이유로 의사표시를 취소하여 상대방이 손해를 입은 경우에도 상대방은 불법행위를 이유로 손해배상을 청구할 수 없다. (착오로 인한 취소는 위법성이 없으므로 불법행위가 성립하지 않는다.)

⑬ 매수인의 채무불이행을 이유로 매도인이 매매계약을 해제한 후라도 매매계약의 성립에 착오가 있었다면 매수인은 착오를 이유로 매매계약을 취소할 수 있다. (채무불이행으로 인한 계약해제의 효과로서 발생하는 손해배상책임을 면하기 위하여)

⑭ 매매계약 내용의 중요부분에 착오가 있는 경우, 매수인은 매도인의 하자담보책임이 성립하는지와 상관없이 착오를 이유로 매매계약을 취소할 수 있다. (착오와 담보책임은 경합한다. 고화(古畵)를 진품이라 생각하고 고가로 매수하였으나 위작(僞作)으로 판명된 사례)

⑮ 소취하와 같은 소송행위는 착오를 이유로 취소하지 못한다. (소송행위와 같은 공법행위에는 민법규정이 적용되지 않는다.) ⇨ 14⑦

⑯ 소취하합의의 의사표시도 중요부분에 착오가 있는 때에는 착오를 이유로 취소할 수 있다. (소취하합의는 사법상의 계약이므로 민법규정이 적용된다. 대판20)

14. 하자 있는 의사표시

① 사기에 의한 의사표시는 표의자의 의사와 표시가 일치한다는 점에서 착오로 인한 의사표시와 구별된다. (착오 : 의사 ≠ 표시 / 사기 : 의사 = 표시)

② 제3자의 기망으로 표시상의 착오가 발생한 경우, 표의자는 사기가 아닌 착오를 이유로 의사표시를 취소해야 한다. (주채무자의 기망으로 신원보증서류에 서명날인한다는 착각에 빠져 연대보증서류에 서명날인한 경우, 사기가 아닌 착오를 이유로 취소할 수 있다.)

③ 상대방의 기망행위로 인하여 법률행위의 내용으로 표시되지 않은 의사결정의 동기에 관하여 착오를 일으킨 경우에도 표의자는 그 법률행위를 사기에 의한 의사표시로 취소할 수 있다. (이 점에서 착오와 사기는 차이가 있다.)

④ 신의칙상 고지의무가 있는 자가 침묵하는 것은 부작위(不作爲)에 의한 기망이 될 수 있다. (단, 상대방이 고지의무의 대상이 되는 사실을 이미 알고 있는 경우에는 그 사실을 알리지 않았다고 하여 고지의무를 위반한 것으로 볼 수 없다.)

- -

⑤ 강박의 정도가 극심하여 표의자의 의사결정의 자유를 완전히 박탈한 경우에는 그 의사표시는 처음부터 당연 무효이다.

⑥ 부정행위에 대한 고소·고발도 그것이 부정한 이익을 목적으로 하는 경우에는 위법한 강박행위가 될 수 있다.

- -

⑦ 소송행위나 공법행위는 사기나 강박을 이유로 취소할 수 없다.

⑧ 매도인의 기망에 의해 하자 있는 물건을 매수한 매수인은 매도인의 담보책임을 물을 수도 있고, 사기를 이유로 매매계약을 취소할 수도 있다. (사기와 담보책임은 경합한다.)

⑨ 상대방의 대리인에 의한 사기나 강박은 제3자의 사기·강박에 해당하지 않는다. (상대방의 대리인은 상대방과 동일시할 수 있으므로, 이 경우 표의자는 상대방이 선의·무과실인 경우에도 사기·강박을 이유로 자신의 의사표시를 취소할 수 있다.)

15. **제3자에 의한 사기·강박** 甲은 丙의 기망에 의하여 자신의 토지를 乙에게 매도하고 소유권이전등기를 경료해 주었고, 乙은 그 토지를 다시 丁에게 매도하고 소유권이전등기를 마쳐 주었다.

① 甲은 乙이 계약 당시에 丙의 기망사실을 알았거나 알 수 있었을 경우에 한하여 매매계약을 취소할 수 있다. (제3자에 의한 사기)

② 만일 丙이 乙의 대리인으로서 매매계약을 체결하였다면, 甲은 乙이 선의·무과실인 때에도 사기를 이유로 매매계약을 취소할 수 있다. (상대방의 대리인은 상대방과 동일시할 수 있으므로, 이 경우는 제3자에 의한 사기로 볼 수 없다.)

③ 甲은 乙과의 매매계약을 취소하지 않고서도 丙을 상대로 불법행위로 인한 손해배상을 청구할 수 있다. (제3자의 기망행위로 계약을 체결한 자는 계약을 취소하지 않고서도 그 제3자에 대하여 불법행위로 인한 손해배상을 청구할 수 있다.)

④ 甲이 사기를 이유로 乙과의 매매계약을 취소하더라도 선의의 丁에 대하여는 등기 말소를 청구할 수 없다. (상내적 취소)

16. **의사표시의 효력발생**

① 의사표시의 도달이란 사회관념상 상대방이 그 내용을 알 수 있는 객관적 상태에 놓인 것을 뜻한다. (현실적 수령이나 요지(了知)를 요하지 않는다.)

② 상대방이 부당하게 등기취급 우편물의 수취를 거절한 경우, 우편물의 내용을 알 수 있는 객관적 상태에 놓인 때, 즉 수취 거부 시에 의사표시의 효력이 생긴 것으로 본다. (대판20)

③ 의사표시가 상대방에게 도달하면 상대방이 그 내용을 알기 전이라도 표의자는 그 의사표시를 철회할 수 없다. (의사표시의 자기구속력)

④ 내용증명우편물이 반송되지 않았다면 특별한 사정이 없는 한 그 무렵에 도달되었다고 보아야 한다. (보통우편은 그렇지 않다.)

⑤ 표의자가 의사표시를 발한 후 사망하거나 제한능력자가 되어도 의사표시의 효력에는 영향을 미치지 않는다. (즉 그러한 사정변경이 있어도 의사표시가 무효로 되거나 취소할 수 있게 되는 것은 아니다.)

⑥ 의사표시의 상대방이 의사표시의 수령 당시 제한능력자인 경우, 표의자는 그 의사표시로써 상대방에게 대항할 수 없다. (즉 상대방에게 의사표시의 효력발생을 주장할 수 없다.)

⑦ ⑥에서 상대방의 법정대리인이 의사표시의 도달사실을 안 후에는 표의자도 의사표시의 효력발생을 주장할 수 있다.

⑧ 표의자가 과실 없이 상대방의 소재를 알지 못하는 경우에는 의사표시는 공시송달의 규정에 의하여 송달할 수 있다. (선의·무과실 要)

17. 법률행위의 대리

① 수권행위는 상대방 있는 단독행위, 불요식행위, 비출연행위이다.

② 일반적으로 임의대리권은 수령대리권(=수동대리권)을 포함한다.

③ 계약체결의 대리권을 수여받은 대리인이 그 계약을 해제하거나 취소하기 위해서는 본인으로부터 별도의 수권을 얻어야 한다. (해제나 취소는 처분행위이므로)

④ 대리인이 본인이 아닌 제3자의 이익을 위해 대리행위를 하였는데, 상대방이 그 사정을 알았거나 알 수 있었다면 그 대리행위는 본인에게 효력이 없다. (대리권 남용, 배임적 대리행위 → 제107조(비진의표시) 유추적용)

⑤ 다툼이 없고 기한이 도래한 채무의 이행(=변제)은 자기계약이나 쌍방대리가 허용된다. (단, 대물변제나 경개(更改)는 허용되지 않는다.)

⑥ 부동산 매도인과 매수인 쌍방을 대리한 등기신청은 허용된다. (이때의 등기신청은 매도인의 소유권이전채무를 이행하는 변제에 불과하기 때문)

⑦ 대리인이 수인인 경우 각자가 본인을 대리하는 것이 원칙이다. (각자대리 원칙)

⑧ 공동대리의 제한은 능동대리에만 적용되고 수동대리에는 적용되지 않는다. (공동대리인도 의사표시의 수령은 각자가 할 수 있다.)

⑨ 대리인의 성년후견개시는 대리권소멸사유이지만, 한정후견개시는 대리권소멸사유가 아니다. (본인의 사망 / 대리인의 사망·성년후견개시·파산)

⑩ 대리인이 본인을 위한 것임을 표시하지 않은 때에는 그 의사표시는 대리인 자신을 위한 것으로 본다. (추정한다×) ⇨ 18②

⑪ 의사의 흠결이나 의사표시의 하자 또는 선의·악의나 과실의 유무는 대리인을 기준으로 결정한다. (가령 대리행위에서 비진의표시나 착오의 유무는 대리인을 표준으로 결정한다.)

⑫ 대리인이 본인의 지시에 좇아 특정한 법률행위를 한 경우, 본인은 자기가 알았거나 과실로 알지 못한 사정에 관하여 대리인의 부지(不知)를 주장하지 못한다. (이때는 본인을 기준으로 선의·악의나 과실 유무를 결정한다. 가령 대리인이 본인이 지정한 물건을 매수한 경우 본인이 그 물건에 하자가 있다는 것을 알고 있었으면 설령 대리인이 몰랐더라도 본인은 매도인에 대하여 하자담보책임을 물을 수 없다.)

⑬ 대리인은 행위능력을 요하지 않지만, 의사능력은 있어야 한다. (대리행위는 대리인의 제한능력을 이유로 취소할 수 없으나, 대리인이 의사무능력 상태에서 한 대리행위는 무효이다.) ⇨ 18⑧

⑭ 매매계약을 체결할 대리권을 수여받은 대리인이 상대방으로부터 매매대금을 지급받은 경우, 이를 본인에게 전달하지 않더라도 상대방의 대금지급의무는 소멸한다.

⑮ 대리인에 의해 체결된 계약이 대리인의 귀책사유로 상대방에 의해 해제된 경우에도 원상회복의무는 본인이 부담한다. (대리행위의 효과는 모두 본인에게 귀속된다.) ⇨ 18⑨

18. **법률행위의 대리** 甲의 임의대리인 乙은 甲을 대리하여 甲 소유의 토지에 대한 매매계약을 丙과 체결하였다.

① 乙은 반드시 대리인임을 표시하여 의사표시를 하여야 하는 것이 아니고, 직접 甲의 명의로 의사표시를 할 수도 있다. (乙이 매매계약서에 대리관계의 표시 없이 甲의 이름만 적고 甲의 인장을 날인한 경우에도 유효한 대리행위가 될 수 있다.)

② 乙이 실수로 甲을 위한 것임을 표시하지 않고 계약을 체결하였다면 그 계약은 乙을 위한 것으로 본다. (계약의 효과는 乙에게 생기고, 乙은 착오를 이유로 계약을 취소할 수 없다.)

③ 乙이 甲을 위한 것임을 표시하지 않고 계약을 체결한 경우에도 丙이 乙이 대리인임을 알았거나 알 수 있었다면 그 계약의 효력은 甲에게 생긴다. (가령 乙이 계약 당시 甲의 위임장을 丙에게 제시한 경우)

④ 매도인의 의사표시가 진의 아닌 의사표시인지 여부는 甲이 아닌 乙을 표준으로 결정한다. (대리행위의 하자는 대리인을 표준하여 결정한다.)

⑤ 乙이 丙과 통정하여 허위로 매매한 경우, 甲이 선의라도 그 매매계약은 甲에게 효력이 없다. (대리관계에서의 본인은 허위표시의 제3자가 될 수 없다.)

⑥ 乙이 甲의 의사와 다른 표시를 한 경우에도 甲은 착오를 이유로 계약을 취소할 수 없다. (대리행위에서 착오의 유무, 즉 의사와 표시의 불일치 여부는 대리인을 기준으로 판단한다.)

⑦ 乙이 丙으로부터 기망을 당해 계약을 체결한 경우, 甲은 사기를 이유로 계약을 취소할 수 있다. (하자 유무의 판단은 乙을 기준, 그로 인한 효과(=취소권)는 甲에게 귀속)

⑧ 乙이 미성년자인 경우에도 甲은 乙의 제한능력을 이유로 丙과의 계약을 취소할 수 없다. (대리인은 행위능력자임을 요하지 않는다.)

⑨ 丙이 매매계약을 적법하게 해제한 경우, 그 해제로 인한 원상회복의무는 甲과 丙이 부담한다. (대리행위로 인한 법률효과는 모두 본인에게 귀속한다.)

19. 복대리

① 복대리인은 본인의 대리인이다. (대리인의 대리인이 아니다.)

② 복대리인 선임행위(=복임행위)는 대리행위가 아니다. (복대리인은 대리인이 본인의 이름이 아닌 자신의 이름으로 선임하기 때문)

③ 복대리인은 언제나 임의대리인이다. (선임(=대리권 수여)된 자이므로)

④ 임의대리인은 본인의 승낙이 있거나 부득이한 사유가 있는 때에만 복대리인을 선임할 수 있다. (임의대리인은 원칙적으로 복임권이 없다.)

⑤ 임의대리의 목적인 법률행위의 성질상 대리인 자신에 의한 처리가 필요하지 아니한 경우, 본인이 복대리 금지의 의사를 명시하지 아니하는 한 복대리인의 선임에 관하여 묵시적인 승낙이 있는 것으로 보는 것이 타당하다. (사무처리의 주체가 중요한 경우 = 대리인의 능력에 따라 본인 사업의 성공 여부가 결정되는 경우 = 대리인 자신에 의한 처리가 필요한 경우)

⑥ 대리인의 능력에 따라 본인의 사업의 성공 여부가 결정되는 아파트 분양업무에 관한 대리권을 수여받은 경우, 본인의 명시적인 승낙 없이는 복대리인을 선임할 수 없다.

⑦ 임의대리인은 복대리인의 행위에 대하여 선임·감독에 과실이 있는 때에만 책임을 진다. (과실책임).

⑧ 임의대리인이 본인의 지명에 의하여 복대리인을 선임한 경우에는 그 부적임 또는 불성실함을 알고 본인에 대한 통지나 해임을 태만히 한 때에만 책임을 진다. (책임 감경. 완전히 면책되는 것은 아니다.)
....
⑨ 법정대리인은 자유롭게 복대리인을 선임할 수 있다.

⑩ 법정대리인은 복대리인의 행위에 대하여 선임·감독에 과실이 없는 때에도 책임을 진다. (무과실책임)

⑪ 법정대리인이 부득이한 사유로 인하여 복대리인을 선임한 때에는 선임·감독에 관한 책임만 진다. (책임 감경 : 무과실책임 → 과실책임)
....
⑫ 복대리권의 존재 및 범위는 대리권에 의존한다. (복대리권은 대리권을 초과할 수 없고, 대리권(母權)이 소멸하면 복대리권(子權)도 소멸한다.)

⑬ 대리인이 복대리인을 선임한 후에 사망하거나 성년후견개시 또는 파산하면 복대리인의 대리권도 소멸한다.

20. **협의의 무권대리** 대리권 없는 乙이 丙에게 자신이 甲의 대리인이라고 칭하여 甲 소유의 토지에 대한 매매계약을 체결하였다.

① 위 매매계약은 甲이 추인하지 않는 한 甲에게 효력이 없다. (甲이 추인하면 계약 시에 소급하여 유효로 된다. 유동적 무효)

② 甲은 추인의 의사표시를 乙에게 할 수도 있고, 丙에게 할 수도 있다. (추인의 상대방에는 특별한 제한이 없다.)

③ 甲이 乙에게 추인하였는데 丙이 그 사실을 모르고 계약을 철회하였다면 甲은 丙에게 추인으로 대항하지 못한다. (甲이 丙에게 추인의 효과를 주장하지 못하여 결국 계약은 철회된다.)

④ ③에서 丙이 추인사실을 안 경우에는 甲은 丙에게 추인으로 대항할 수 있다. (가령 乙이 甲의 추인사실을 丙에게 통지한 경우)

⑤ 甲이 乙의 무권대리행위에 대하여 즉시 이의를 제기하지 않고 장시간에 걸쳐 방치하였다고 해서 그것만으로는 무권대리행위를 추인하였다고 볼 수 없다. (묵시적 추인×)
⇨ 38③

⑥ 甲이 계약의 일부만 추인하거나 계약의 내용에 변경을 가하여 추인한 경우, 丙의 동의가 없다면 그 추인은 아무런 효력이 생기지 않는다. (추인은 조건이나 변경 없이 무권대리행위 전부에 대해 하는 것이 원칙이다.)

⑦ 甲의 추인에는 원칙적으로 소급효가 있다. (계약 시로 소급한다.)

⑧ 甲을 단독상속한 乙은 丙에 대하여 위 매매계약이 무권대리로서 무효임을 주장하여 그 등기의 말소를 청구하거나 토지의 점유로 인한 부당이득반환을 청구할 수 없다. (본인을 상속한 무권대리인이 추인을 거절하는 것은 신의칙에 반하여 허용되지 않는다.)

⑨ 丙은 선의·악의를 불문하고 甲에게 추인 여부의 확답을 최고할 수 있다.

⑩ 丙의 최고에 대하여 甲이 상당한 기간 내에 확답을 발하지 않으면 추인을 거절한 것으로 본다.

⑪ 丙은 선의인 경우에 한하여 계약을 철회할 수 있다.

⑫ 丙이 철회를 하면 계약은 확정적으로 무효가 되어 그 후에는 甲이 계약을 추인할 수 없다.

⑬ 乙이 대리권을 증명하지 못하고 甲의 추인도 얻지 못한 경우, 乙은 丙의 선택에 따라 丙에 대하여 계약의 이행이나 손해배상의 책임을 진다. (선택권자는 무권대리인이 아니라 상대방이다.)

⑭ ⑬에서 丙이 악의 또는 과실이 있거나 乙이 제한능력자인 경우에는 乙은 위와 같은 책임을 지지 않는다. (丙은 선의·무과실이어야 하고, 乙은 행위능력자이어야 한다.)

⑮ ⑬에서 乙의 무권대리행위가 제3자의 기망행위로 야기되어 대리권의 흠결에 관하여 乙에게 귀책사유가 없는 경우에도 乙의 책임은 부정되지 않는다. (제135조의 무권대리인의 상대방에 대한 책임은 대리인의 고의나 과실을 요건으로 하지 않는 무과실책임이다.)

21. 표현대리

① 표현대리가 성립한다고 해서 무권대리의 성질이 유권대리로 전환되는 것은 아니다. (표현대리는 무권대리의 일종이다.)

② 유권대리에 관한 주장 속에 표현대리의 주장이 포함되어 있다고 볼 수 없다. (상대방이 따로 표현대리에 관한 주장을 하지 않는 한 법원은 표현대리의 성립 여부를 심리·판단할 필요가 없다.)

③ 표현대리가 성립하는 경우 본인은 그 행위에 대하여 전적인 책임을 져야 하고, 상대방에게 과실이 있다 하더라도 과실상계를 주장하여 자신의 책임을 경감할 수 없다. (표현대리책임은 계약이행책임이지 손해배상책임이 아니므로 과실상계의 법리가 적용되지 않는다.) ⇨ 73⑮(계약해제로 인한 원상회복), 80①(매도인의 담보책임에 기한 손해배상)

④ 표현대리의 성립은 대리행위의 직접 상대방만 주장할 수 있고, 본인이나 전득자는 주장할 수 없다. (표현대리는 무권대리의 상대방을 보호하기 위한 제도이다.)

⑤ 강행법규를 위반하여 무효인 법률행위에 대해서는 표현대리의 법리가 준용될 여지가 없다. (가령 사원총회의 결의가 없는 총유재산의 처분행위는 무효이고, 상대방이 선의·무과실이라 하더라도 표현대리의 성립을 주장할 수 없다.)

⑥ 복대리인의 대리행위에 대해서도 표현대리가 성립할 수 있다. ⇨ 21⑫⑰

⑦ 대리권을 추단케 하는 직함이나 명칭의 사용을 승낙 또는 묵인한 것은 제125조의 대리권수여의 표시로 볼 수 있다. (가령 총판매점, 총대리점, 연락사무소 등의 명칭 사용)

⑧ 제125조의 대리권수여의 표시에 의한 표현대리는 임의대리에만 적용되고 법정대리에는 적용되지 않는다. (반면 제126조(월권대리)나 제129조(멸권대리)는 임의대리뿐만 아니라 법정대리에도 적용된다.)

⑨ 공법행위에 관한 대리권도 권한을 넘은 표현대리의 기본대리권이 될 수 있다. (가령 등기신청이나 영업허가신청을 위임한 경우)

⑩ 법정대리권도 권한을 넘은 표현대리의 기본대리권이 될 수 있다. (제126조의 권한을 넘은 표현대리 규정은 법정대리에도 적용된다.)

⑪ 이미 소멸한 대리권도 권한을 넘은 표현대리의 기본대리권이 될 수 있다. (대리권이 소멸한 후에도 권한을 넘은 표현대리가 성립할 수 있다. 제129조(멸권) + 제126조(월권) → 제126조)

⑫ 복임권이 없는 대리인이 선임한 복대리인의 권한도 기본대리권이 될 수 있다. (가령 임의대리인이 본인의 승낙 없이 복대리인을 선임한 경우)

⑬ 권한을 넘은 표현대리에서 기본대리권과 월권행위는 동종이거나 유사한 행위일 필요가 없다. (등기신청(공법행위) → 대물변제(사법행위))

⑭ 사술을 써서 대리행위의 표시를 하지 않고 단지 본인의 성명을 모용(冒用)하여 마치 자기가 본인인 것처럼 본인 명의로 직접 법률행위를 한 경우에는 권한을 넘은 표현대리가 성립할 수 없다. (이는 성명모용姓名冒用)일 뿐 대리행위가 아니므로 표현대리의 법리가 적용될 수 없다.)

⑮ 담보권설정의 대리권을 수여받은 자가 그 부동산을 자기 명의로 소유권이전등기를 경료한 후 타인에게 처분한 경우에는 권한을 넘은 표현대리가 성립할 수 없다. (이는 타인의 권리에 대한 매매일 뿐 대리행위가 아니므로 표현대리의 법리가 적용될 수 없다.)

⑯ 상대방의 정당한 이유의 존부는 대리행위 당시의 사정을 기준으로 판단해야 하고, 그 이후의 사정은 고려할 것이 아니다. (변론종결 당시까지의 사정을 고려하여 판정한다.)

⑰ 대리인이 대리권이 소멸한 후에 선임한 복대리인의 대리행위로도 대리권소멸 후의 표현대리가 성립할 수 있다.

22. 법률행위의 무효

① 법률행위의 일부무효에 관한 민법 제137조는 임의규정이다.

② 약관의 일부조항이 무효인 경우, 계약은 나머지 부분만으로 유효함이 원칙이다. (약관규제법 제16조, 특별법우선의 원칙)

③ 토지거래허가구역 내의 토지와 그 지상건물을 일괄매매한 경우, 토지거래허가가 있기 전에 건물만에 대한 소유권이전등기청구는 허용되지 않는 것이 원칙이다. (전부무효 원칙)

④ 매매계약이 약정된 매매대금의 과다로 인하여 불공정한 법률행위에 해당하여 무효인 경우, 무효행위의 전환의 법리가 적용될 수 있다. (18억 매매 무효 → 12억 8천 매매 유효)

⑤ 무효행위의 전환에서 전환의 의사는 당사자가 무효임을 알았다면 의욕하였을 것으로 평가할 수 있는 가정적 효과의사이다.

⑥ 무효행위의 추인은 무효행위를 사후에 유효로 하는 것이 아니라 새로운 의사표시에 의하여 새로운 법률행위를 하는 것이다. (따라서 무효행위의 추인에는 소급효가 없다.)

⑦ 무효행위의 추인은 단독행위로서, 묵시적으로도 할 수 있다.

⑧ 무효행위의 추인은 무효의 원인이 소멸한 후에 하여야 효력이 있다.

⑨ 반사회적 법률행위나 불공정한 법률행위로서 무효인 경우에는 추인에 의하여 유효로 될 수 없다. (강행법규 위반, 반사회질서, 불공정한 법률행위 모두 마찬가지)

⑩ 무효행위를 추인에 의하여 새로운 법률행위로 보기 위해서는 당사자가 이전의 법률행위가 무효임을 알고 추인하여야 한다. ⇨ 유사 24⑫(취소할 수 있는 법률행위의 추인)

⑪ 취소로 무효가 된 법률행위도 무효행위의 추인의 법리에 따라 추인할 수 있다. (취소할 수 있는 법률행위가 일단 취소된 이상 취소할 수 있는 법률행위의 추인에 의하여 다시 유효하게 할 수는 없고, 다만 무효행위의 추인은 가능하다.)

⑫ 무권리자가 타인의 권리를 처분하는 계약을 한 경우, 권리자가 이를 추인하면 그 계약의 효과는 계약체결 시로 소급하여 권리자에게 귀속한다.

23. 유동적 무효 : 토지거래허가구역 내의 토지매매계약

① 허가신청절차에 대한 협력의무의 이행은 소구(訴求)할 수 있다.

② 메도인의 허가신청절차 협력의무는 매수인의 대금지급의무보다 선이행되어야 할 의무이다. (매도인은 매수인의 대금지급의무의 이행제공이 없음을 이유로 협력의무의 이행을 거절할 수 없다.)

③ 유동적 무효상태에서는 매매계약상의 채무불이행을 이유로 계약을 해제할 수 없다. (계약이 무효여서 채무불이행이 성립하지 않으므로)

④ 유동적 무효상태에서는 협력의무불이행을 이유로 계약을 해제할 수 없다. (협력의무는 부수적 의무에 불과하므로) ⇨ 73⑧

⑤ 유동적 무효상태에서도 계약금에 의한 해제는 할 수 있다. (허가를 받은 것은 이행착수가 아니므로 허가 이후에도 계약금에 의한 해제를 할 수 있다.)

⑥ 유동적 무효상태에서는 매매계약상의 채무불이행을 이유로 손해배상을 청구할 수 없다. (계약이 무효여서 채무불이행이 성립하지 않으므로)

⑦ 유동적 무효상태에서도 협력의무의 불이행을 이유로 손해배상을 청구할 수 있다. (협력의무불이행에 대비한 손해배상액의 예정도 할 수 있다.)

⑧ 유동적 무효상태에 있는 한 매수인은 계약금에 대한 부당이득반환을 청구할 수 없다. (확정적 무효가 되면 부당이득반환을 청구할 수 있다.)

⑨ 허위표시, 사기·강박 등 다른 무효나 취소사유가 있으면 당사자는 허가신청 전 단계에서 그 사유를 주장할 수 있다. (계약을 확정적으로 무효화시키고 협력의무를 면하기 위해)

⑩ 당사자 쌍방이 허가신청을 하지 않기로 의사표시를 명백히 한 경우, 계약은 확정적으로 무효로 된다. (가령 매도인이 매수인에게 계약해제통지를 하자 매수인이 계약금 상당액을 청구금액으로 하여 토지를 가압류한 경우 계약은 확정적으로 무효가 된다.)

⑪ 일방의 채무가 이행불능임이 명백하고 상대방이 거래계약의 존속을 더 이상 바라지 않고 있는 경우에는 계약은 확정적으로 무효로 된다 (허가가 나지 않은 상태에서 토지에 관한 경매절차가 개시되어 제3자에게 소유권이 이전되었다면 계약은 확정적 무효가 된다.)

⑫ 정지조건부 매매계약에서 그 조건이 허가를 받기 전에 불성취로 확정되면 계약은 확정적으로 무효가 된다. (불능조건(-) × 정지조건(+) → 무효(-))

⑬ 매매계약이 확정적으로 무효로 됨에 귀책사유가 있는 자라도 그 계약의 무효를 주장할 수 있고, 그것이 신의칙에 반한다고 할 수 없다. (단, 이 경우 상대방은 손해배상을 청구할 수 있다.)

⑭ 토지거래허가구역 내 토지에 관하여 허가를 배제하거나 잠탈하는 내용으로 매매계약이 체결된 경우에는 계약은 체결된 때부터 확정적으로 무효이다. (가령 토지거래허가구역 내의 토지를 중간생략등기의 합의 아래 미등기인 채로 전전매매한 경우, 각각의 매매계약은 모두 확정적으로 무효로서 유효화될 여지가 없다.)

⑮ ⑭에서 계약체결 후 허가구역지정이 해제되거나 지정기간 만료 이후 재지정을 하지 않은 경우라도 이미 확정적으로 무효로 된 계약이 유효로 되는 것이 아니다. (대판19)

⑯ ⑭에서 그 후 해당 토지가 허가구역의 지정에서 해제되고, 당사자들이 기존 매매계약이 무효임을 알면서 이를 추인하였다면 무효였던 매매계약은 추인한 때로부터 새로운 법률행위로서 유효하게 된다. (제139조의 무효행위의 추인. 대판24)

24. 법률행위의 취소

① 제한능력자는 법정대리인의 동의 없이 한 법률행위를 단독으로 취소할 수 있지만, 단독으로 추인할 수는 없다. (추인은 취소의 원인이 소멸된 후에 하거나 법정대리인의 동의를 얻어서 해야 한다.)

② 대리행위에 취소사유가 있는 경우, 법정대리인은 자기 고유의 취소권을 가지지만, 임의대리인은 본인의 별도수권 없이는 대리행위를 취소할 수 없다. (취소는 처분행위여서 특별수권을 요한다.)

③ 취소의 의사표시는 취소할 법률행위의 직접 상대방에게 해야 한다. (상대방으로부터 다시 권리를 취득한 전득자는 취소의 상대방이 될 수 없다.)

④ 취소를 전제로 한 소송상의 이행청구나 이행거절 가운데는 취소의 의사표시가 포함되어 있다. (가령 매도인이 사기를 이유로 매수인을 상대로 등기말소청구소송을 제기한 경우)

⑤ 하나의 법률행위의 일부분에만 취소사유가 있는 경우, 그 부분이 가분적이고 나머지 부분의 효력을 유지하려는 당사자의 가정적 의사가 인정된다면 일부만의 취소도 가능하다. (일부취소 ≒ 일부무효)

⑥ 매도인의 기망에 의해 토지의 일정부분을 매매대상에서 제외시키는 특약을 한 경우, 매수인은 그 특약만을 사기를 이유로 취소할 수는 없다. (제외된 부분에 대하여는 매매계약이 체결(=성립)되지 않았으므로, 취소의 문제가 생길 수 없다.)

⑦ 취소된 법률행위는 처음부터 무효인 것으로 본다. (취소에는 소급효가 있다.)

⑧ 제한능력을 이유로 법률행위가 취소된 경우, 제한능력자는 선의·악의를 불문하고 언제나 현존이익을 반환한다.

⑨ 착오나 사기·강박을 이유로 한 취소는 선의의 제3자에게 대항할 수 없으나(상대적), 제한능력을 이유로 한 취소는 선의의 제3자에게도 대항할 수 있다(절대적).

⑩ 취소할 수 있는 법률행위의 추인은 취소의 원인이 소멸된 후에 하여야 효력이 있다. (가령 미성년자는 성년이 된 후에야 추인할 수 있다.)

⑪ 법정대리인은 취소의 원인이 소멸하기 전에도 추인할 수 있다.

⑫ 취소할 수 있는 법률행위의 추인은 그 행위가 취소할 수 있는 것임을 알고 하여야 효력이 생긴다.

⑬ 취소할 수 있는 법률행위를 추인한 후에는 다시 취소할 수 없다. (이때의 추인은 취소권의 포기를 의미하므로)

⑭ 취소권자기 이의를 보류한 상태에서 취소할 수 있는 계약을 이행한 것은 법정추인이 되지 않는다. (이의보류 없이 이행하여야 법정추인이 된다.)

⑮ 취소권자가 상대방에게 이행을 청구한 것은 법정추인사유에 해당하지만, 상대방이 취소권자에게 이행을 청구한 것은 법정추인사유에 해당하지 않는다.

⑯ 취소권자가 취소할 수 있는 행위로 취득한 권리를 타인에게 양도한 것은 법정추인사유에 해당하지만, 상대방이 취득한 권리를 양도한 것은 법정추인사유에 해당하지 않는다.

⑰ 취소권은 추인할 수 있는 날로부터 3년, 법률행위를 한 날로부터 10년 내에 행사하여야 한다. (이는 소멸시효기간이 아니라 제척기간이다.)

⑱ 취소권의 제척기간이 도과하였는지 여부는 당사자의 주장에 관계없이 법원이 당연히 조사하여 재판에 고려하여야 한다.

25. 법률행위의 조건

① 조건이 되기 위해서는 조건의 의사와 그 표시가 필요하다. (조건의사가 있더라도 그것이 외부에 표시되지 않으면 법률행위의 동기에 불과할 뿐 조건이 될 수 없다.)

② 조건이 되기 위해서는 법률이 요구하는 것이 아니라 당사자가 임의로 부가한 것이어야 한다. (법정조건은 법률행위의 부관으로서의 조건이 아니다.)

③ 동산의 소유권유보부매매에서 소유권유보의 특약은 정지조건에 해당한다. (대금완납을 정지조건으로 하는 소유권이전의 합의)

④ 주택건설을 위한 토지매매계약에서 건축허가신청이 불허되었을 때는 계약을 무효로 한다는 약정을 한 경우, 이는 해제조건이다.

⑤ 조건의 내용이 선량한 풍속 기타 사회질서에 위반된 경우, 조건만 무효인 것이 아니라 법률행위 전부가 무효로 된다. (가령 부첩관계의 종료를 해제조건으로 하는 증여계약은 그 전부가 무효이다.)

⑥ 조건이 법률행위 당시 이미 성취한 것인 경우, 그 조건이 정지조건이면 조건 없는 법률행위로 한다. (기성조건(+) × 정지조건(+) → 조건 없는 법률행위(+))

⑦ 조건이 법률행위 당시 이미 성취할 수 없는 것인 경우, 그 조건이 정지조건이면 그 법률행위는 무효이다. (불능조건(-) × 정지조건(+) → 무효(-))

⑧ 취소, 해제, 상계와 같은 단독행위에는 원칙적으로 조건을 붙일 수 없다. (단, 상대방이 동의하면 단독행위에도 조건을 붙일 수 있다.)

⑨ 채무의 면제나 유증은 단독행위라도 조건을 붙여서 할 수 있다. (상대방에게 이익만 주는 것이므로)

⑩ 조건의 성취로 인하여 불이익을 받을 당사자가 신의성실에 반하여 조건의 성취를 방해한 때에는 상대방은 조건이 성취된 것으로 주장할 수 있다. (조건성취로 의제되는 시점은 방해행위가 없었더라면 조건이 성취되었으리라고 추산되는 시점이다.)

⑪ 조건의 성취를 의제하는 효과를 발생시키는 조건성취 방해행위에는 고의뿐만 아니라 과실에 의한 행위도 포함된다.

⑫ 조건부 권리는 조건이 성취되기 전에도 처분, 상속, 보존 또는 담보로 할 수 있다. (조건부 권리를 보전하기 위한 가등기도 허용된다.)

⑬ 정지조건이 성취되면 법률행위는 그때부터 효력이 생기고, 해제조건이 성취되면 그때부터 효력을 잃는다. (조건성취의 효과에는 원칙적으로 소급효가 없다.)

⑭ 당사자는 특약에 의하여 조건성취의 효과를 소급시킬 수 있다.

⑮ 법률행위에 조건이 붙어 있는지 아닌지는 사실인정의 문제로서 그 조건의 존재를 주장하는 자가 입증하여야 한다. (법원의 직권조사사항이 아니다.)

⑯ 어떤 법률행위가 정지조건부 법률행위에 해당한다는 사실은 법률효과의 발생을 다투려는 자가 입증하여야 한다. (법률효과의 발생을 다투려는 자 = 법률효과가 발생하지 않았다고 주장하는 자)

⑰ 정지조건부 법률행위에 있어서 정지조건이 성취되었다는 사실은 법률효과의 발생을 주장하는 자가 입증하여야 한다.

26. 법률행위의 기한

① 토지임대차계약의 임대기한을 '임대인이 임차인에게 토지를 매도할 때까지'로 정하였다면 그 임대차계약은 기간의 약정이 없는 것이 된다. ('토지를 매도한다'라는 사실은 장래 도래할지 여부가 불확실한 것이어서 기한을 정한 것으로 볼 수 없다.)

② 임대인이 생존한 동안 임대하기로 하는 계약은 기한부 법률행위이다. (종기, 불확정기한)

③ 甲이 乙에게 '丙이 사망하면 내 부동산을 주겠다.'고 한 약정은 불확정기한부 증여이다. (반면 '3년 내에 丙이 사망하면 내 부동산을 주겠다.'고 한 약정은 정지조건부 증여이다.)

④ 부관에 표시된 사실이 발생하지 않으면 채무를 이행하지 않아도 된다고 보는 것이 합리적인 경우에는 조건으로 보아야 하고, 표시된 사실이 발생한 때에는 물론이고 반대로 발생하지 않는 것이 확정된 때에도 채무를 이행하여야 한다고 보는 것이 합리적인 경우에는 불확정기한으로 보아야 한다. (시험에 합격하면 자동차를 사 주겠다 → 정지조건 / 새 임차인이 들어오면 보증금을 돌려주겠다 → 불확정기한)

⑤ 불확정기한은 기한으로 정한 사실이 발생한 때에는 물론 그 사실의 발생이 불가능하게 된 때에도 기한이 도래한 것으로 보아야 한다.

⑥ 기한도래의 효력은 소급효가 없고, 당사자 사이의 특약으로도 소급효를 약정할 수 없다. (이 점에서 조건과 다르다.)

⑦ 기한은 채무자의 이익을 위한 것으로 추정한다. (본다×, 간주한다×)

⑧ 기한의 이익은 포기할 수 있으나, 상대방의 이익을 해하지 못한다. (기한의 이익이 상대방에게도 있는 경우, 당사자 일방은 상대방의 손해를 배상하고 기한의 이익을 포기할 수 있다.)

⑨ 채무자가 담보를 손상, 감소, 멸실시키거나 담보제공의 의무를 이행하지 않는 때에는 기한의 이익을 주장하지 못한다. (채무자는 기한의 이익을 상실하여 채권자가 즉시 변제를 청구할 수 있다.) ⇨ 64⑤

⑩ 기한이익상실의 특약은 특별한 사정이 없는 한 형성권적 기한이익상실의 특약으로 추정된다. (기한이익상실의 특약은 채권자를 위해서 둔 것인데, 형성권적 기한이익상실의 특약이 정지조건부 기한이익상실의 특약보다 채권자에게 유리하기 때문)

27. 물권의 객체

① 물권의 객체는 원칙적으로 물건이지만, 예외적으로 권리가 물권의 객체가 되는 경우도 있다. (가령 지상권, 전세권을 목적으로 하는 저당권)

② 등기된 입목은 소유권이나 저당권의 객체가 될 수 있다.

③ 명인방법을 갖춘 수목은 토지와 별개의 독립된 부동산으로 소유권의 객체가 될 수 있으나, 저당권의 객체가 될 수는 없다.

④ 1동의 건물의 일부도 구조상·이용상 독립성이 있으면 구분행위에 의하여 독립된 소유권의 객체가 될 수 있다. (구분소유권)

⑤ 용익물권은 토지나 건물의 일부에 설정될 수 있다. (가령 전세권은 독립성이 없는 건물의 일부에도 설정될 수 있다.)

⑥ 저당권은 1필의 토지의 일부에 설정될 수 없다. (공유지분에는 설정될 수 있다.)

28. 물권법정주의

① 물권인 것 : 광업권, 어업권, 분묘기지권, 관습상의 법정지상권

② 물권이 아닌 것 : 온천권, 사도통행권, 근린공원이용권

③ 미등기·무허가 건물의 양수인은 소유권이전등기를 경료받지 않는 한 소유권을 취득할 수 없고, 소유권에 준하는 관습상의 물권이 있다고 볼 수도 없다. (건물을 신축하여 소유권을 원시취득한 자로부터 그 건물을 미등기인 상태로 매수한 자는 그 건물의 불법점유에 대하여 직접 건물의 명도를 청구할 수 없고, 소유자(=매도인)를 대위하여 명도를 청구해야 한다.)

④ 소유자가 소유물에 대한 사용·수익의 권능을 대세적, 영구적으로 포기하는 것은 물권법정주의에 반하여 허용되지 않는다. (단, 소유자가 특정인에 대한 관계에서 채권적으로 사용·수익권을 포기하는 것까지 금지되는 것은 아니다. 대판23) ⇨ 84⑥

29. 물권의 우선적 효력

① 토지에 저당권이 설정된 후 지상권이 설정되고 그 후에 설정된 저당권이 실행되는 경우, 지상권은 매각으로 소멸한다. (최선순위 저당권이 말소기준권리가 되기 때문. 이른바 중간용익권의 문제)

② 후순위 저당권자가 신청한 경매에서 선순위 전세권은 매수인에게 인수되는 것이 원칙이지만, 전세권자가 배당요구를 하면 매각으로 소멸한다. (대항력을 갖춘 선순위 임차권도 마찬가지이다.)

③ 선순위 가압류채권자와 후순위 저당권자는 배당에 있어서 동순위로 채권액에 비례하는 안분배당을 받는다. (후순위 전세권자, 확정일자부 주택·상가임차인, 가등기담보권자도 마찬가지이다.) ⇨ 90③

30. 물권적 청구권

① 불법점유자라 하여도 그 물건을 다른 사람에게 인도하여 현실적으로 점유를 하고 있지 않은 이상, 그 자를 상대로 한 인도 또는 명도청구는 부당하다.

② 토지매도인은 소유권이전등기 없이 토지를 인도받은 매수인으로부터 다시 그 토지를 매수하여 점유하고 있는 자에 대하여 소유권에 기한 반환을 청구할 수 없다. (점유할 권리가 있으므로)

③ 유치권자로부터 유치의 방법으로 유치물의 보관을 위탁받은 자는 소유자의 소유물 반환청구를 거부할 수 있다. (점유할 권리가 있으므로)

④ 소유자는 소유권을 방해할 염려가 있는 자에 대하여 그 예방이나 손해배상의 담보를 청구할 수 있다. (방해예방과 함께 손해배상의 담보를 청구할 수는 없다.)

⑤ 지역권과 저당권에는 목적물반환청구권이 인정되지 않는다.

⑥ 유치권 자체에 기한 물권적 청구권은 인정되지 않는다.

⑦ 물권적 청구권은 물권과 분리하여 양도할 수 없다.

⑧ 소유권을 상실한 전 소유자는 불법점유자에 대하여 물권적 청구권에 의한 방해배제를 청구할 수 없다.

⑨ 소유권에 기한 물권적 청구권은 소멸시효에 걸리지 않는다. ⇨ 74①

⑩ 물권적 청구권은 물권에 대한 침해만 있으면 물권자에게 손해가 발생하지 않더라도 성립할 수 있다. (방해 ≠ 손해)

⑪ 물권적 청구권의 성립요건으로 상대방의 귀책사유는 요구되지 않는다. (반면 손해배상 청구권은 상대방에게 귀책사유가 있을 때에만 성립한다.)

⑫ 소유권에 기한 방해배제청구권은 방해결과의 제거가 아니라 방해원인을 제거하는 것을 내용으로 한다. (방해결과의 제거는 손해배상의 영역이다.)

⑬ 소유자는 물권적 청구권에 기하여 방해제거 비용 또는 방해예방 비용을 청구할 수 없다. (가령 방해예방청구로서 옹벽설치를 청구할 수 있으나, 그 설치비용을 청구할 수는 없다.)

⑭ 물권적 청구권의 이행불능으로 인한 손해배상청구권은 인정되지 않는다. (등기말소청구권 등의 물권적 청구권은 그 권리자인 소유자가 소유권을 상실하면 그 발생의 기반이 아예 없게 되어 더 이상 그 존재 자체가 인정되지 않는다.)

31. 무단건축 甲의 토지에 乙이 무단으로 건물을 축조하였다.

① 甲은 乙에게 건물에서 퇴거할 것을 청구할 수 없다.

② 甲은 乙에게 건물철거 및 대지인도를 청구할 수 있다.

③ 乙이 위 건물을 丙에게 임대하여 인도한 경우, 甲은 乙에게 건물철거 및 대지인도를 청구하여야 한다. (건물의 임차인인 丙은 건물을 철거할 권한이 없고 건물부지의 점유자도 아니다.) ⇨ 41③

④ ③에서 甲은 丙에게 토지소유권에 기한 방해배제로서 건물로부터 퇴출할 것을 청구할 수 있다. (丙이 건물임차권의 대항력을 갖춘 경우에도 甲의 퇴출청구에 대항하지 못한다.)

⑤ 乙이 위 건물을 丁에게 매도하여 인도한 경우, 丁이 미등기 상태라도 甲은 丁에게 건물철거 및 대지인도를 청구할 수 있다. (건물의 매수인은 등기명의가 없는 경우에도 건물을 철거할 권한이 있고 건물부지의 점유자로 인정된다.)

32. 부동산물권변동과 등기의 요부(要否)

① 공유지분의 포기에 의한 물권변동 : 要 (공유지분의 포기는 상대방 있는 단독행위이므로 등기를 하여야 물권변동의 효력이 발생한다.) ⇨ 50②

② 합유지분권 포기에 의한 물권변동 : 要

③ 점유취득시효 완성으로 인한 소유권 취득 : 要

④ 환매권 행사로 인한 소유권 취득 : 要

⑤ 저당권실행경매로 인한 법정지상권 취득 : 不要

⑥ 법정지상권부 건물의 양수인의 법정지상권 취득 : 要 ⇨ 55⑥

⑦ 법정지상권부 건물의 경락인의 법정지상권 취득 : 不要 ⇨ 55⑨

⑧ 수용(=공용징수)으로 인한 소유권 취득 : 不要

⑨ 공유물분할판결에 의한 물권변동 : 不要 (형성판결 확정 시 물권변동이 일어난다.)

⑩ 공유물분할소송절차에서 조정이 성립한 경우의 물권변동 : 要

⑪ 매매로 인한 소유권이전등기청구소송의 승소판결에 의한 소유권 취득 : 要 (이 판결은 이행판결이므로 등기를 해야 소유권을 취득한다.)

⑫ 매매계약의 취소나 해제로 인한 소유권의 복귀 : 不要 ⇨ 33⑥, 73⑪

⑬ 혼동으로 인한 물권 소멸 : 不要

⑭ 존속기간 만료에 의한 지상권 소멸 : 不要

⑮ 피담보채권의 소멸로 인한 저당권 소멸 : 不要 (저당권의 부종성)

⑯ 건물전세권의 법정갱신 : 不要 ⇨ 57⑫

⑰ 토지임대인의 법정저당권 취득 : 不要 (임차인 소유의 건물을 압류한 때 취득한다. 제649조)

⑱ 1동의 건물의 일부에 대한 구분소유권 취득 : 不要 (집합건축물대장에 등록되거나 구분건물로서 등기되지 않았더라도 건축허가신청이나 분양계약 등을 통하여 구분행위의 존재를 인정할 수 있다.) ⇨ 92①

⑲ 집합건물의 공용부분에 대한 지분 취득 : 不要 (공용부분에 관한 물권의 득실변경은 등기를 요하지 않는다.) ⇨ 92④

33. 등기청구권의 법적 성질과 소멸시효

① 부동산 매수인의 소유권이전등기청구권은 채권적 청구권으로서 10년의 소멸시효에 걸리지만, 매수인이 부동산을 인도받아 점유하고 있는 이상 매매대금의 지급 여부와 관계없이 그 소멸시효가 진행하지 않는다. (권리 위에 잠자는 자라 할 수 없으므로) ⇨ 97⑤

② ①에서 매수인이 타인에게 그 부동산을 처분하고 점유를 승계해 준 경우에도 매수인의 소유권이전등기청구권의 소멸시효는 진행되지 않는다. (보다 적극적인 권리행사이므로)

③ 점유취득시효완성으로 인한 소유권이전등기청구권은 채권적 청구권으로서, 점유가 계속되는 한 시효로 소멸하지 않는다.

④ 점유자가 점유취득시효완성 후 부동산의 점유를 상실하면 그때부터 소멸시효가 진행한다. (곧바로 소멸하는 것은 아니다.)

⑤ 저당권설정계약에 의한 저당권설정등기청구권은 그 피담보채권과 별개로 소멸시효에 걸린다. (채권적 청구권)

┄┄

⑥ 부동산 매매계약의 해제나 합의해제를 원인으로 하는 소유권이전등기의 말소등기청구권은 소유권에 기한 물권적 청구권으로서 소멸시효의 대상이 되지 않는다. ⇨ 74①

⑦ 진정명의회복을 원인으로 하는 소유권이전등기청구권은 소유권에 기한 물권적 청구권으로서 소멸시효에 걸리지 않는다.

⑧ 피담보채무가 변제되었음을 이유로 양도담보권설정자가 행사하는 소유권이전등기말소청구권은 소유권에 기한 물권적 청구권으로서 소멸시효에 걸리지 않는다.

34. 소유권이전등기청구권의 양도의 대항요건

① 매매로 인한 소유권이전등기청구권의 양도는 통상의 채권양도와 달리 양도인의 채무자에 대한 통지만으로는 채무자에 대한 대항력이 생기지 않으며 반드시 채무자의 동의나 승낙을 받아야 대항력이 생긴다. (매매로 인한 소유권이전등기청구권은 그 이행과정에 신뢰관계가 따르고 채권자가 부담하는 반대급부의무도 있으므로)

② 취득시효완성으로 인한 소유권이전등기청구권의 양도는 채무자에 대한 통지만으로도 대항력이 생긴다. (신뢰관계나 반대급부가 없으므로)

③ 명의신탁자가 명의신탁 해지를 원인으로 한 소유권이전등기청구권을 양도한 경우, 명의수탁자가 그 양도에 동의하거나 승낙하지 않으면 양수인은 명의수탁자에게 소유권이전등기를 청구할 수 없다. (①에서의 법리가 그대로 적용된다. 대판21)

35. 중간생략등기

① 미등기건물의 원시취득자와 승계취득자 사이의 합의로 승계취득자 명의로 경료된 소유권보존등기는 유효하다. (모두(冒頭)생략등기)

② 사망자를 등기의무자로 하여 경료된 등기라도 상속인들의 의사에 따라서 이루어진 것이라면 유효하다. (중간생략등기)

③ 위조된 등기신청서류에 의해 경료된 소유권이전등기라도 실체관계에 부합하는 경우에는 유효하다. (②에서 상속인이 사망한 피상속인의 위임장을 위조하여 등기를 신청한 경우)

36. 중간생략등기 乙이 甲 소유의 토지를 매수하여 丙에게 전매하였으나 등기명의는 아직 甲에게 남아 있다.

① 중간생략등기에 관한 甲, 乙, 丙 전원의 합의가 있으면 丙이 직접 甲에게 소유권이전등기를 청구할 수 있다.

② 중간생략등기에 관한 전원의 합의가 없다면 丙은 乙을 대위하여 甲에게 乙 명의로의 소유권이전등기를 청구할 수 있을 뿐이다. (채권자대위권 행사)

③ 乙이 甲에 대한 소유권이전등기청구권을 丙에게 양도하고 이를 甲에게 통지했더라도 甲의 동의나 승낙이 없는 한 丙은 직접 甲에게 소유권이전등기를 청구할 수 없다.

④ 甲, 乙, 丙 전원의 중간생략등기의 합의가 있었다 하여 乙의 甲에 대한 소유권이전등기청구권이 소멸하는 것은 아니다.

⑤ 甲, 乙, 丙 사이에 중간생략등기의 합의가 있은 후에도 甲은 乙이 매매대금을 지급하지 않음을 이유로 丙의 등기청구를 거절할 수 있다. (중간생략등기의 합의로 인해 최초 매도인의 중간매수인에 대한 대금청구권의 행사가 제한되는 것은 아니다.)

⑥ 甲으로부터 직접 丙 앞으로 경료된 소유권이전등기는 중간생략등기에 관한 전원의 합의가 없었더라도 유효하다. (각 매매가 모두 유효하다면 그 등기는 실체관계에 부합한다.)

⑦ 위 토지가 토지거래허가구역 내의 토지인 경우, 甲, 乙, 丙 전원의 합의 아래 甲으로부터 직접 丙 앞으로 경료된 소유권이전등기는 甲과 丙을 매매당사자로 하는 토지거래허가를 받았더라도 무효이다. (甲과 丙 사이에는 매매계약이 체결된 적이 없으므로)

37. 가등기 甲은 소유권이전청구권 보전을 위한 乙 명의의 가등기가 경료되어 있는 자신의 토지를 丙에게 매도하고 소유권이전등기를 경료해 주었다.

① 乙이 甲에 대해 소유권이전등기를 청구할 어떠한 법률관계가 있다고 추정되지 않는다. (가등기에는 추정적 효력이 없다.)

② 丙 명의의 등기가 무효인 경우에도 乙은 본등기를 하기 전에는 丙에 대하여 그 등기의 말소를 청구할 수 없다. (가등기 자체만으로는 아무런 실체법상의 효력이 없다.)

③ 乙 명의로 가등기가 되어 있는 동안에도 乙의 甲에 대한 소유권이전등기청구권은 소멸시효가 진행한다. (가등기에 의해 보전된 등기청구권은 채권적 청구권으로서 소멸시효의 대상이 된다.)

④ 乙은 원래의 가등기의무자인 甲을 상대로 가등기에 기한 본등기를 청구하여야 한다. (가등기에는 제3자에 대한 효력(=대항력)이 없다.)

⑤ 乙이 가등기에 기한 본등기를 하면 본등기를 한 때 토지소유권을 취득한다. (물권변동의 시기가 가등기를 한 때로 소급하는 것은 아니다. 따라서 乙이 가등기에 기한 본등기를 한 때에도 그동안의 丙의 토지에 대한 사용·수익은 乙에 대한 관계에서 부당이득이 되지 않는다.)

⑥ 乙의 본등기로 인해 소유권을 상실한 丙은 선의·악의를 불문하고 甲에게 담보책임을 물어 매매계약을 해제하고 손해배상을 청구할 수 있다. (담보책임에 있어서는 '저당권 = 가등기 = 가압류'로 본다.) ⇨ 80⑩

38. 무효등기의 유용

① 무효등기의 유용은 그 유용의 합의 이전에 등기상 이해관계를 가진 제3자가 생기지 않은 경우에 한하여 허용된다.

② 멸실된 건물의 등기부에 신축건물에 관한 등기를 등재한 경우, 등기상 이해관계 있는 제3자가 없더라도 그 등기는 무효이다. (멸실된 건물의 등기는 유용할 수 없다.)

③ 무효등기의 유용에 관한 합의 내지 추인은 묵시적으로도 이루어질 수 있다. (단, 무효등기사실을 알면서 장기간 이의를 제기하지 않고 방치한 것만으로는 묵시적 추인이 인정되지 않는다.) ⇨ 20⑤

④ 무효인 가등기를 유효한 등기로 전용키로 약정하면 그 등기는 그때부터 유효하고, 소급하여 유효한 등기로 전환될 수 없다. (무효등기의 유용에는 소급효가 없다.)

⑤ 저당권설정등기가 채권자가 아닌 제3자의 명의로 경료된 경우 그 등기는 무효이나, 그 후 채권자가 저당권이전의 부기등기를 경료받았다면 그 등기는 그때부터 실체관계에 부합하는 유효한 등기가 된다.

39. 등기의 추정력

① 저당권설정등기가 경료되어 있으면 저당권의 존재뿐만 아니라 그에 상응하는 피담보채권의 존재도 추정된다. (단, 근저당권설정등기가 있는 경우에도 피담보채권의 성립을 위한 법률행위의 존재는 추정되지 않는다.)

② 소유권이전등기의 명의인은 제3자에 대해서뿐만 아니라 전 소유자에 대해서도 적법한 등기원인에 의하여 소유권을 취득한 것으로 추정된다. (소유권이전등기의 추정력은 물권변동의 당사자 간에도 미친다.)

③ 현 등기명의인이 전 등기명의인의 대리인으로부터 매수하였다고 주장하는 경우, 대리권의 존재도 추정된다. (따라서 대리권의 존부에 대한 증명책임은 전 등기명의인이 부담한다.)

④ 소유권이전등기의 원인으로 주장된 계약서가 진정하지 않은 것(=위조된 것)으로 증명되면 그 등기의 권리추정력은 깨어진다. (무효등기이므로)

⑤ 전 소유자가 사망한 이후에 그 명의의 신청에 의해 이루어진 소유권이전등기는 등기의 추정력을 인정할 수 없다. (무효등기이므로)

⑥ ⑤에서 등기의무자의 사망 전에 그 등기원인이 이미 존재하는 경우에는 등기의 추정력이 인정된다. (유효등기이므로)

⑦ 건물의 소유권보존등기의 명의자가 그 건물을 신축한 것이 아니라면 등기의 추정력은 깨어진다. (무효등기이므로)

⑧ 소유권이전등기가 불법말소된 경우, 말소된 등기의 명의인은 그 회복등기가 경료되기 전이라도 적법한 권리자로 추정된다. (등기는 물권의 효력발생요건이지 존속요건이 아니므로 물권에 관한 등기가 원인 없이 말소되더라도 물권의 효력에는 아무런 영향을 미치지 않는다.)

40. 물권의 소멸

① 지상권이나 전세권이 저당권의 목적인 경우, 저당권자의 동의 없이는 그 지상권이나 전세권을 포기하지 못한다. (제371조 제2항)

② 지상권, 지역권, 전세권은 소멸시효에 걸린다. (소멸시효기간은 20년)

③ 토지의 지상권자가 그 토지의 소유권을 취득하면 지상권은 혼동으로 소멸하지만, 그 지상권 위에 저당권이 설정되어 있다면 지상권은 소멸하지 않는다. (지상권이 소멸하면 저당권도 소멸하여 저당권자가 저당권을 잃는 부당한 결과가 생기므로)

④ 어떤 건물에 甲이 저당권을 취득한 후 乙이 가압류등기를 한 경우, 甲이 그 건물의 소유권을 취득하더라도 甲의 저당권은 소멸하지 않는다. (저당권이 소멸하면 甲이 乙과 안분배당을 받게 되는 부당한 결과가 생기므로)

⑤ 주택임차인이 임차권의 대항력을 갖춘 후에 그 주택에 저당권이 설정된 경우, 임차인이 그 주택을 매수하여 소유권을 취득하더라도 임차권은 혼동으로 소멸하지 않는다. (저당권이 실행될 때 경락인에게 임차권으로 대항하기 위하여)

⑥ ⑤에서 임차인이 그 주택을 경락받아 소유권을 취득하였다면 임차권은 혼동으로 소멸하고 임대차는 종료된 상태가 된다. (저당권은 경매로 인해 소멸하므로)

⑦ 토지소유자 甲이 지상권자인 乙에게 담보목적의 소유권이전등기를 경료해 준 경우, 乙의 지상권은 소멸하지 않는다. (乙은 양도담보권을 취득한 것이지 아직 소유권을 취득한 것이 아니므로)

⑧ 甲의 지상권에 대해 乙이 1번 저당권, 丙이 2번 저당권을 취득한 후 乙이 그 지상권을 취득한 경우, 乙의 저당권은 소멸하지 않는다. (소멸하면 乙과 丙의 배당순서가 뒤바뀌어 부당하므로)

41. 점유권

① 물건에 대한 점유가 계속되는 한 점유할 권리가 소멸하였다고 해서 점유권이 소멸하는 것은 아니다. (점유할 권리(본권) ≠ 점유권)

② 건물의 소유자는 현실적으로 건물이나 그 부지를 점거하지 않더라도 건물부지에 대한 점유가 인정된다. (따라서 건물공유자 중 일부만 건물을 점유하는 경우에도 그 건물의 부지는 건물공유자 전원이 점유하는 것으로 본다.)

③ 건물의 소유자가 아닌 자는 건물을 점유하고 있더라도 건물부지의 점유자로 볼 수 없다. (건물의 임차인이나 유치권자는 건물을 점유하는 경우에도 건물부지의 점유자가 아니다.)

④ 상속인은 새로운 권원에 의하여 자기 고유의 점유를 개시하지 않는 한 피상속인의 점유를 떠나 자기만의 점유를 주장할 수 없다. (상속은 새로운 점유취득권원이 아니다.)

⑤ 자주점유는 소유자와 동일한 지배를 하려는 의사를 가지고 하는 점유를 의미한다.

⑥ 자주점유의 요건인 소유의 의사의 유무는 점유취득권원의 성질에 의하여 객관적·외형적으로 결정된다. (점유자의 내심의 의사에 의하여 결정되는 것이 아니다.)

⑦ 점유자가 매매, 증여 등의 자주점유권원을 주장하였으나 이것이 인정되지 않은 경우에도 자주점유의 추정은 깨어지지 않는다. (원래부터 자주점유에 대한 입증책임이 점유자에게 있지 않으므로)

⑧ 토지의 점유자가 토지소유자를 상대로 매매를 원인으로 하는 소유권이전등기청구소송을 제기하였다가 패소하더라도 자주점유의 추정이 번복되어 타주점유로 전환된다고 할 수 없다. (반면에 소유자가 점유자를 상대로 소유권이전등기 말소등기청구소송을 제기하여 점유자의 패소로 확정되었다면 점유자의 점유는 패소판결 확정 후부터는 타주점유로 전환된다.)

⑨ 타인 소유의 부동산을 악의로 무단점유한 것이 입증된 경우에는 자주점유의 추정이 깨어진다. (경계에 설치된 철조망을 제거하고 타인의 토지에 무단으로 건축한 사례)

⑩ 매매대상 토지의 면적이 공부상 면적을 상당히 초과하는 경우, 그 초과부분에 대한 점유는 타주점유이다. (타인 소유의 부동산에 대한 악의의 무단점유이므로)

⑪ 토지의 매수인이 착오로 인접토지의 일부를 그가 매수한 토지에 속하는 것으로 믿고 점유하고 있다면 그 점유는 자주점유로 보아야 한다. (악의의 무단점유가 아니므로)

⑫ 계약명의신탁에서 명의신탁자가 명의신탁약정에 따라 부동산을 점유하는 경우, 자주점유의 추정이 깨어진다. (타인 소유의 부동산에 대한 악의의 무단점유이므로. 대판22)

⑬ 점유자는 소유의 의사로 선의, 평온 및 공연하게 점유한 것으로 추정된다. (점유자의 무과실은 추정되지 않는다.) ⇨ 47④

⑭ 선의의 점유자라도 본권에 관한 소에서 패소하면 그 소가 제기된 때로부터 악의의 점유자로 본다. (패소판결 확정 시부터×)

⑮ 점유자의 권리적법추정 규정(민법 제200조)은 동산에만 적용되고 부동산에는 적용이 없다. (부동산은 점유가 아닌 등기에 권리추정력이 부여된다.)

42. 점유자와 회복자의 관계

① 과실취득권이 있는 선의의 점유자란 과실수취권을 포함하는 권원(가령 소유권, 지상권, 임차권 등)이 있다고 오신한 점유자를 말하고, 그와 같은 오신을 함에는 오신할 만한 정당한 근거가 있어야 한다.

② 선의의 점유자가 취득하는 과실에는 점유물의 사용이익도 포함된다.

③ 악의의 점유자가 수취한 과실(果實)을 소비하였거나 과실(過失)로 인해 훼손 또는 수취하지 못한 경우에는 그 대가를 보상해야 한다.

④ 악의의 점유자는 과실에 이자를 붙여 반환하여야 하며 그 이자의 이행지체로 인한 지연손해금도 지급하여야 한다. (전손해 반환 : 이익 + 이자 + 손해)

⑤ 점유자의 귀책사유로 점유물이 멸실 · 훼손된 경우, 소유의 의사가 없는 점유자는 선의인 경우에도 손해의 전부를 배상하여야 한다. (가령 임차권이나 전세권이 있다고 오신한 점유자)

⑥ 악의의 점유자도 점유물에 지출한 비용의 상환을 청구할 수 있다. (비용상환청구권은 점유자의 선의 · 의를 불문하고 인정된다.)

⑦ 선의의 점유자가 과실을 취득하였거나 점유물을 사용한 경우에는 통상의 필요비의 상환을 청구할 수 없다. (특별 필요비나 유익비의 상환은 청구할 수 있다.)

⑧ 과실수취권이 없는 악의의 점유자는 통상의 필요비의 상환을 청구할 수 있다. (악의의 점유자에 대하여는 민법 제203조 제1항 단서 규정이 적용되지 않는다. 대판21)

⑨ 점유자의 비용상환청구권은 점유자가 회복자로부터 점유물의 반환을 청구받은 때에 비로소 이행기가 도래한다. (필요비상환청구권도 지출 즉시 이행기가 도래하는 것이 아니다.)

43. 점유자와 회복자의 관계 乙은 甲 소유의 건물을 자기의 것으로 오신하여 점유 · 사용하다가 甲으로부터 소유물반환청구를 받아 그 건물을 甲에게 반환하게 되었다.

① 乙은 건물의 점유 · 사용으로 인한 이득을 甲에게 반환할 의무가 없다. (선의의 점유자에게는 과실취득권이 인정되고, 건물의 사용이익은 건물의 과실에 준하여 취급되므로)

② 乙의 귀책사유로 건물이 훼손된 경우, 乙은 이익이 현존하는 한도에서 손해를 배상하여야 한다. (선의의 자주점유자이므로)

③ 乙이 건물의 개량을 위하여 비용을 지출하여 그 가액의 증가가 현존하는 경우, 乙은 甲의 선택에 좇아 지출액이나 증가액의 상환을 청구할 수 있다. (선택권은 점유자가 아닌 회복자에게 있다.)

④ ③에서 지출액이나 증가액에 관한 증명책임은 모두 유익비의 상환을 구하는 乙에게 있다. (실제 지출액이나 현존 증가액에 대한 증명책임은 점유자에게 있다. 대판18)

44. 점유 자체의 보호 : 점유보호청구권, 자력구제권

① 사기에 의하여 건물을 명도한 자는 점유물반환청구권을 행사하지 못한다. (점유를 침탈당한 것이 아니므로)

② 직접점유자가 간접점유자의 의사에 반하여 임의로 점유를 타인에게 이전한 경우, 간접점유자는 점유물반환청구권을 행사할 수 없다. (이는 횡령일 뿐 점유침탈이 아니므로)

③ 상대방으로부터 점유를 침탈당한 점유자가 상대방으로부터 자력구제에 해당하지 않는 방법으로 점유를 탈환하였을 경우(이른바 '점유의 상호침탈'), 상대방은 점유자를 상대로 점유의 회수(=점유물반환)를 청구할 수 없다. (대판23)

④ 甲이 점유하고 있던 물건을 乙이 빼앗아 丙에게 인도한 경우, 甲은 선의의 丙에게 점유물반환청구권을 행사할 수 없다. (점유침탈자의 특별승계인은 악의인 경우에만 점유물반환청구의 상대방이 된다.)

⑤ ④에서 선의의 丙이 악의의 丁에게 그 물건을 인도한 경우, 甲은 丁에게 점유물반환청구권을 행사할 수 없다. (엄폐물 법칙)

⑥ 점유물반환청구권은 점유의 침탈을 당한 날로부터 1년 내에 행사하여야 한다. (이는 출소기간(出訴期間)이므로 반드시 재판상으로 행사하여야 한다.)

⑦ 점유권에 기인한 소는 본권에 관한 이유로 재판하지 못한다.

⑧ 점유보조자는 점유보호청구권이 없지만 자력구제권은 있다.

45. 점유취득시효

① 자기 소유의 부동산도 시효취득의 대상이 될 수 있다. (입증곤란 구제)

② 부동산에 관하여 적법·유효한 등기를 마치고 소유권을 취득한 사람이 자기 소유의 부동산을 점유하는 경우, 그러한 점유는 취득시효의 기초가 되는 점유라고 할 수 없다. (사실상태를 권리관계로 높여 보호할 필요가 없고, 부동산의 소유명의자는 소유권을 보유하는 것으로 추정되어 소유권에 대한 증명의 곤란을 구제할 필요 역시 없으므로)

③ 토지의 일부에 대한 점유취득시효도 인정된다. (단, 분필 후 소유권이전등기를 해야 한다.)

④ 집합건물의 공용부분은 시효취득의 대상이 될 수 없다. (전유부분과의 분리처분 금지)

⑤ 대지사용권은 시효취득의 대상이 된다. (20년간 소유의 의사로 평온, 공연하게 집합건물을 구분소유한 사람은 등기함으로써 대지사용권을 취득한다.)

⑥ 취득시효완성 전의 압류나 가압류는 취득시효의 중단사유가 될 수 없다. (종래의 점유상태의 계속이 파괴되었다고 할 수 없으므로)

⑦ 시효진행 중에 부동산이 전전양도된 후 시효가 완성된 경우, 시효완성자는 최종 등기명의자에게 소유권이전등기를 청구할 수 있다. (시효기간 진행 중의 소유자의 변경은 취득시효의 진행을 막지 않는다.)

⑧ 점유기간 중에 소유자가 변동된 경우에는 점유자는 취득시효기간의 기산점을 임의로 선택할 수 없다. (점유기간 중에 소유자의 변동이 없는 경우에는 임의로 선택할 수 있다.)

⑨ 무효등기의 명의인은 시효완성으로 인한 소유권이전등기청구의 상대방이 될 수 없다. (시효완성 당시의 소유자가 아니므로)

⑩ 취득시효완성 당시 소유권이전등기가 실체관계에 부합하지 않는 무효의 등기였으나 그 후 실체관계에 부합하게 된 경우, 그 등기명의자에 대하여 취득시효완성의 주장할 수 없다. (그 등기명의자는 취득시효완성 후에 소유권을 취득한 자에 해당하므로)

⑪ 취득시효완성을 원인으로 소유권이전등기를 경료하면 점유를 개시한 때에 소급하여 소유권을 취득한다. (따라서 시효취득자가 점유기간 중에 수취한 과실은 부당이득반환의 대상이 되지 않는다.)

46. **점유취득시효** 乙은 甲 소유의 토지를 20년이 넘게 소유의 의사로 평온·공연하게 점유하고 있다.

① 乙이 소유권이전등기를 경료하기 전에 甲이 그 토지를 丙에게 매도하고 등기를 이전한 경우, 乙은 丙의 선의·악의를 불문하고 丙에게 시효완성으로 대항할 수 없다. (부동산이중매매의 법리와 유사)

② 甲이 乙의 취득시효완성사실을 알고도 丙에게 토지를 매도하고 소유권이전등기를 경료해 주었다면, 乙은 甲에 대하여 불법행위로 인한 손해배상을 청구할 수 있다. (甲, 乙 간에 계약상의 채권채무관계가 성립한 것은 아니므로 채무불이행책임을 물을 수는 없다.)

③ ②에서 丙이 甲의 불법행위에 적극가담하였다면 乙은 甲을 대위하여 丙 명의의 등기말소를 청구할 수 있다. (乙은 소유자가 아니므로 직접 말소청구를 할 수는 없다.)

④ 乙의 시효완성사실을 알지 못한 甲이 丁에게 근저당권을 설정해 준 경우, 乙이 시효완성을 원인으로 소유권이전등기를 경료하여도 乙은 丁의 저당권이 설정된 그대로의 상태에서 소유권을 취득한다. (시효완성 후의 제3자(丁)를 해할 수 없으므로)

⑤ ④에서 乙이 丁에게 그 근저당권의 피담보채무를 변제하더라도 甲에 대하여 구상권 또는 부당이득반환청구권을 행사할 수 없다. (자신의 이익을 위한 행위이므로)

⑥ 乙의 시효완성 후 甲이 戊에게 토지를 유효하게 명의신탁한 경우, 戊가 乙에게 소유자로서의 권리를 행사하면 乙은 취득시효완성을 이유로 이를 저지할 수 있다. (乙은 甲을 대위하여 명의신탁을 해지하고 戊에게 甲 명의로의 소유권이전등기를 청구할 수 있으므로)

⑦ 乙의 시효완성 후 토지가 수용된 경우, 乙이 대상청구권(代償請求權)행사로서 甲이 취득한 보상금청구권의 양도를 청구하려면 그 이행불능(=수용) 전에 시효완성으로 인한 권리를 주장하였거나 등기청구권을 행사하였어야 한다. (그러한 권리주장을 하지 않았다면 대상청구권을 행사할 수 없다.)

47. 등기부취득시효

① 1부동산1등기용지주의에 위배된 등기는 등기부취득시효의 요건인 '등기'에서 제외된다. (따라서 중복등기의 후등기나 공간정보의 구축 및 관리 등에 관한 법률상 분할절차 없이 등기부상으로만 분필등기가 된 경우의 등기로는 등기부취득시효를 완성할 수 없다.)

② 등기부취득시효를 주장하는 자는 앞 사람의 등기까지 아울러 10년 동안 소유자로 등기되어 있으면 된다. (반드시 10년간 자신의 명의로 등기되어 있어야 하는 것은 아니다.)

③ 등기부취득시효에 있어 요구되는 선의·무과실은 그동안 점유의 승계가 있었더라도 점유의 시초에 인정되면 족하다. (선의·무과실이 10년 내내 계속되어야 하는 것은 아니다.)

④ 등기부시효취득을 주장하는 점유자는 스스로 자신의 무과실을 입증하여야 한다. (점유자의 무과실은 추정되지 않으므로)

⑤ 등기부취득시효가 완성된 후에 점유자 명의의 등기가 불법으로 말소되거나 이전되더라도 점유자는 이미 취득한 소유권을 상실하지 않는다. (등기는 물권의 효력발생요건이지 존속요건이 아니므로)

48. 부합

① 타인의 임야에 무단으로 식재한 수목의 소유권은 임야의 소유자에게 귀속한다. (무단 식재된 수목은 토지에 부합한다.)

② 지상권, 임차권 등 토지사용권에 기하여 식재된 수목은 토지에 부합하지 않는다.

③ 타인의 토지에서 권원 없이 농작물을 경작한 경우, 그 농작물은 경작자의 소유로 귀속한다. (농작물은 토지에 부합하지 않는다.)

④ 건물의 증축부분이 기존건물에 부합되어 독립물로서의 효용을 갖지 못하는 경우, 기존건물에 대한 경매절차에서 경매목적물로 평가되지 않았더라도 경락인은 증축부분의 소유권을 취득한다. (건물에 저당권이 설정된 후에 복층구조로 증축한 사례)

49. 공동소유

① 공유자는 자신의 지분을 자유롭게 처분할 수 있다.

② 공유물의 처분·변경은 공유자 전원의 동의를 요한다.

③ 공유물의 관리에 관한 사항은 공유자 지분의 과반수로 결정한다.

④ 공유물에 대한 보존행위는 공유자 각자가 단독으로 할 수 있다.

⑤ 공유자는 언제든지 공유물의 분할을 청구할 수 있다.

⑥ 합유자는 전원의 동의 없이는 자신의 지분을 처분하지 못한다.

⑦ 합유물의 처분·변경은 합유자 전원의 동의를 요한다.

⑧ 합유물에 대한 보존행위는 합유자 각자가 단독으로 할 수 있다.

⑨ 합유자는 합유물의 분할을 청구하지 못한다.

⑩ 합유자의 상속인은 합유사로서의 시위를 승계하시 않는다.

⑪ 총유물의 관리 및 처분은 사원총회의 결의에 의한다.

⑫ 총유물에 대한 보존행위는 사원총회의 결의에 의한다. (각 사원이 할 수 없다.)

⑬ 권리능력 없는 사단의 구성원은 설령 그가 대표자라 하더라도 총유재산의 보존을 위한 소를 제기할 수 없다. (총유물 보존을 위한 소송은 사원총회의 결의를 얻어 법인 아닌 사단의 명의로 하거나 구성원 전원이 필수적 공동소송의 형태로 해야 한다.)

50. 공유 甲, 乙, 丙은 각각 3/5, 1/5, 1/5의 지분비율로 X토지를 공유하고 있다.

① 乙은 甲이나 丙의 동의 없이 자신의 지분 위에 저당권을 설정할 수 있다. (지분의 처분은 공유자 각자가 자유롭게 할 수 있다.)

② 丙이 자신의 지분을 포기한 경우, 甲과 乙은 등기를 하여야 그 지분권을 취득한다. (丙의 지분은 甲과 乙에게 각 지분의 비율(3 : 1)로 귀속한다.)

③ 甲이 단독으로 X토지를 丁에게 매도하여 소유권이전등기를 경료해 준 경우, 매매계약 자체는 전부 유효하고 丁 명의의 등기는 甲의 지분범위 내에서만 유효하다. (매매계약은 채권행위(의무부담행위)여서 무권리자가 해도 유효하지만, 등기이전은 물권행위(처분행위)여서 무권리자가 하면 무효이기 때문이다.)

④ ③에서 乙이나 丙은 丁에 대하여 그 등기 전부의 말소를 청구할 수는 없다. (丁 명의의 등기는 甲의 지분 범위 내에서는 유효하므로, 甲의 지분(3/5)을 제외한 나머지 지분(2/5)에 관하여만 말소를 청구할 수 있다.) ⇨ ⑭와 비교

⑤ 甲이 X토지에 건물을 신축하기 위해서는 乙과 丙의 동의를 얻어야 한다. (공유하는 나대지에 건물을 신축하는 것은 공유물의 관리가 아닌 처분이나 변경에 해당하므로 공유자 전원의 동의를 요한다.)

⑥ 甲은 X토지의 관리에 관한 사항을 단독으로 결정할 수 있다. (과반수지분권자이므로)

⑦ 乙과 丙은 甲으로부터 X토지의 사용·수익을 허락받은 丁을 상대로 X토지의 반환이나 임료 상당의 부당이득반환을 청구할 수 없다. (부당이득반환청구는 甲에게 해야 한다.)

⑧ 甲이 X토지의 특정부분을 배타적으로 사용·수익하기로 정하는 것도 공유물의 관리 방법으로 적법하다. (단, 甲은 乙과 丙에게 그들의 지분에 상응하는 임료 상당액을 부당이득으로 반환하여야 한다.)

⑨ 공유물을 단독으로 점유하는 소수지분권자는 공유물관리를 위한 과반수지분권자의 공유물인도청구를 공유물의 사용수익권으로 거부할 수 없다. (대판22)

⑩ 공유자 1인의 보존권 행사 결과가 다른 공유자의 이해와 충돌하는 경우, 그 보존권 행사는 공유물의 보존행위로 볼 수 없다. (대판24)

⑪ 乙이 甲, 丙과 협의 없이 X토지를 배타적으로 사용하는 경우, 丙은 공유물의 보존행위 로서 乙에게 X토지의 인도를 청구할 수 없다. (반환을 청구할 수는 없고, 지분권에 기초하여 방해상태의 제거나 방해행위의 금지를 청구할 수 있을 뿐이다.)

⑫ 丁이 X토지를 불법점유하고 있는 경우, 甲, 乙, 丙은 각자 단독으로 丁에게 X토지 전부의 인도를 청구할 수 있다. (보존행위는 공유자 각자가 공유물 전부에 대하여 할 수 있다.)

⑬ ⑫에서 甲, 乙, 丙은 丁에 대하여 각자 자신의 지분에 대응하는 비율의 한도 내에서만 손해배상을 청구할 수 있다. (손해배상청구나 부당이득반환청구는 자신의 지분 비율의 한도 내에서만 행사할 수 있다.)

⑭ X토지에 대해 丁 명의로 원인무효의 소유권이전등기가 경료된 경우, 甲, 乙, 丙은 각자 단독으로 그 등기 전부의 말소를 청구할 수 있다. (그 등기 전부가 무효이므로)

⑮ 乙의 지분에 관하여 丁 명의로 원인무효의 등기가 경료된 경우, 丙은 공유물의 보존행위로서 그 등기의 말소를 청구할 수 없다. (공유자는 다른 공유자의 지분권을 대외적으로 주장할 수 없고, 그것을 공유물의 보존행위에 속한다고 할 수 없다.)

⑯ 甲, 乙, 丙은 공유물분할청구권을 가지는데, 이는 형성권으로서 공유관계가 존속하는 한 독립하여 시효로 소멸되지 않는다.

⑰ 甲, 乙, 丙은 5년 내의 기간으로 X토지를 분할하지 않을 것을 약정할 수 있다. (이 기간은 갱신할 수 있다.)

⑱ 甲, 乙, 丙 사이의 분할금지특약은 등기하지 않는 한 제3자에 대해서는 효력이 없다.

⑲ 甲, 乙, 丙 간에 분할에 관한 협의가 성립한 경우에는 재판상 분할청구(=공유물분할청구의 소)는 허용되지 않는다.

⑳ 재판상 분할의 경우에는 현물분할이 원칙이다. (법원은 현물분할이 불가능하거나 현물로 분할하면 그 가액이 현저히 감손될 염려가 있는 때에만 대금분할을 할 수 있다.)

㉑ 공유물분할의 효과에는 소급효가 없다.

㉒ 공유물분할판결이 확정되면 등기 없이도 물권변동의 효과가 생긴다. (공유물분할판결은 형성판결로서 제187조의 판결에 해당한다.)

㉓ 丙의 지분 위에 저당권이 설정된 후 X토지가 분할된 경우, 그 저당권은 丙 앞으로 분할된 부분에 효력이 집중되지 않고, 종전의 지분비율대로 분할된 각 토지 전부에 그대로 존속한다. (분할된 각 토지는 저당권의 공동담보가 된다.)

51. **구분소유적 공유(=상호명의신탁)** 甲과 乙은 토지의 위치와 면적을 특정하여 구분소유하기로 약정하고 1필지의 토지를 공동으로 매수한 후 1필지 전체에 관하여 양수한 부분의 면적비율에 상응하는 공유지분등기를 하였다.

① 甲과 乙 사이에 공유지분등기의 상호명의신탁관계 내지 토지에 대한 구분소유적 공유관계가 성립한다.

② 甲과 乙은 각자가 양수한 특정부분을 배타적으로 사용할 수 있다. (cf. 진정한 공유 : 토지의 전부를 지분의 비율로 사용한다.)

③ 甲이 자신이 매수한 특정부분을 타인에게 처분하는 경우, 乙의 동의를 얻을 필요가 없다. (cf. 진정한 공유 : 甲이 토지의 특정부분을 처분하기 위해서는 乙의 동의를 얻어야 한다.)

④ 甲과 乙은 토지의 분할을 청구할 수 없고, 명의신탁해지를 원인으로 지분이전등기를 청구할 수 있다. (cf. 진정한 공유 : 甲과 乙은 언제든지 토지의 분할을 청구할 수 있다.)

⑤ 乙이 매수한 토지부분을 丙이 무단점유하는 경우, 甲은 丙에게 토지 전부의 반환을 청구할 수 있다. (cf. 진정한 공유 : 같다.)

⑥ 건물 신축 시 법정지상권 성립 여부 ⇨ 62⑨

52. 지상권

① 토지의 소유자가 아닌 자도 해당 토지에 관하여 지상권설정계약을 체결할 수 있다. (그 계약상의 의무자는 향후 처분권한을 취득하거나 소유자의 동의를 얻어 해당 토지에 지상권을 설정하여 줄 의무를 부담한다. 대판18)

② 지료는 지상권성립의 요소가 아니다. (무상의 지상권도 가능하다.)

③ 지상권의 존속기간을 영구로 하는 것도 허용된다.

④ 지상권자는 토지소유자에 대하여 필요비의 상환을 청구할 수 없다. (유익비는 상환청구할 수 있다.)

⑤ 지상권자는 토지소유자의 동의 없이 지상권을 양도·담보제공하거나 토지를 임대할 수 있다. (= 전세권, ≠ 임차권)

⑥ 지상권에 대한 양도금지특약은 무효이다. (≠ 전세권) ⇨ 57⑰

⑦ 지상권자는 지상물과 지상권 중 어느 한쪽만 처분할 수 있다. (따라서 지상권자와 지상물의 소유자가 반드시 일치해야 하는 것은 아니다.)

⑧ 지료등기를 하지 않은 경우, 토지소유자는 구 지상권자의 지료연체사실을 들어 지상권의 양수인에게 대항하지 못한다. (양수인에게 지료청구나 지료증액청구도 할 수 없다.)

⑨ 지상권설정자가 지상권자로부터 연체된 지료의 일부를 지급받아 연체된 지료가 2년 미만으로 된 경우에는 종전에 2년분의 지료를 연체하였다는 사유를 들어 지상권소멸을 청구할 수 없다.

⑩ 지상권자의 지료연체가 토지소유권의 양도 전후에 걸쳐 이루어진 경우, 양수인에 대한 연체기간이 2년이 되지 않는다면 양수인은 지상권소멸을 청구할 수 없다. (연체기간은 특정 소유자를 기준으로 계산한다.)

⑪ 토지 위의 건물이나 수목이 멸실하더라도 토지가 존속하는 한 지상권은 소멸하지 않는다. (토지가 멸실하면 지상권은 소멸한다.)

⑫ 지상권자가 지상권의 존속기간 만료 후 지체없이 행사하지 않아 지상권갱신청구권이 소멸한 경우에는 지상물매수청구권은 발생하지 않는다. (지상물매수청구권은 지상권자의 적법한 갱신청구권의 행사와 지상권설정자의 갱신거절을 요건으로 하는 것이므로. 대판23)

⑬ 나대지의 저당권자가 토지의 담보가치 저감을 막기 위해 무상의 담보지상권을 설정받은 경우, 피담보채권이 변제로 소멸하면 지상권도 그 채권에 부종하여 소멸한다.

⑭ 담보지상권자는 건물을 신축하는 제3자에 대하여 지상권에 기한 방해배제청구로서 건물철거 및 대지인도를 청구할 수 있다. (단, 지상권의 침해를 이유로 임료 상당의 손해배상을 청구할 수는 없다. 불법점유가 없었더라도 임료 상당의 이익이 발생할 여지가 없기 때문이다.)

53. 특수한 지상권 : 구분지상권, 분묘기지권, 관습법상의 법정지상권

① 구분지상권은 수목 소유를 목적으로는 설정할 수 없다.

② 어떤 토지에 전세권과 그 전세권을 목적으로 하는 저당권이 성립하여 있는 경우, 토지소유자는 전세권자와 저당권자 전원의 승낙이 있어야 구분지상권을 설정할 수 있다.

③ 분묘기지권의 시효취득에 관한 관습법은 「장사 등에 관한 법률」 시행 이전에 설치된 분묘에 관해서는 법적 규범으로 유지되고 있다. (단, 장사법 시행 후에 토지소유자의 승낙 없이 설치한 분묘에 대해서는 분묘기지권의 시효취득을 주장할 수 없다.)

④ 승낙형 분묘기지권의 경우, 분묘기지권 성립 당시 토지소유자와 지료에 관한 약정을 하였다면 그 약정의 효력은 분묘기지의 승계인에 대하여도 미친다. (대판21)

⑤ 분묘기지권을 시효취득한 경우, 토지소유자의 청구가 있으면 지료를 지급하여야 한다. (지료를 청구한 날부터 지료지급의무가 있다. 대판21 전합)

⑥ 양도형 분묘기지권의 경우, 분묘기지권자는 분묘기지권이 성립한 때부터 지료지급의무를 부담한다. (대판21)

⑦ 분묘기지권을 취득한 자가 판결에 따라 정해진 지료를 판결확정 전후에 걸쳐 2년분 이상 지체한 경우, 토지소유자는 분묘기지권의 소멸을 청구할 수 있다. (민법 제287조 유추적용) ⇨ 55②

⑧ 관습법상의 법정지상권 발생사유가 아닌 것 : 명의신탁 해지, 환지, 동일인 귀속의 원인무효로 인한 원상태 복귀, 저당권실행경매(임의경매)

⑨ 관습법상 법정지상권이 성립하기 위해 토지와 건물이 원시적으로 동일인의 소유에 속하였을 필요는 없고, 그 소유권이 유효하게 변동될 당시(=한 쪽이 처분될 당시)에 동일인의 소유였던 것으로 족하다.

⑩ 강제경매로 인한 관습상의 법정지상권의 성립요건인 토지와 건물이 동일인의 소유에 속하였는지 여부는 매각대금 완납 시가 아니라 압류의 효력이 발생한 때를 기준으로 판단되어야 한다. (압류에 선행하는 가압류가 있을 때에는 가압류한 때를 기준으로, 압류나 가압류 이전에 저당권이 설정된 경우에는 저당권설정 당시를 기준으로 판단한다.)

⑪ 관습상의 법정지상권 발생을 배제하는 특약(가령 건물철거의 합의)의 존재에 관한 주장·증명책임은 그 특약의 존재를 주장하는 측에 있다.

54. 관습법상 법정지상권 성립 여부

> 나대지(×), 함께(×), 명의신탁해지(×), 원인무효(×), 건물철거합의(×), 대지임대차계약(×)
> 토지공유(지분×분할○), 건물공유(○), 구분소유적 공유(자기○타인×)

① 대지와 건물이 한 사람에게 매도되었으나 대지에 관하여만 소유권이전등기가 경료되어 대지와 건물의 소유자가 달라진 경우 → 성립× (公式 : 함께 안 생겨요!)

② 미등기건물을 대지와 함께 양수한 사람이 대지에 관하여만 소유권이전등기를 넘겨받은 상태에서 그 대지가 강제경매된 경우 → 성립× (대지가 경매될 당시 토지와 건물의 소유자가 달랐으므로. 公式 : 함께 안 생겨요!)

③ 토지를 매수하여 소유권이전등기를 마친 매수인이 그 지상에 건물을 신축한 후 그 소유권이전등기가 원인무효로 밝혀져 말소됨으로써 건물과 토지의 소유자가 달라진 경우 → 성립×

④ 토지와 건물이 동일한 소유자에게 속하였다가 토지가 매매되어 양자의 소유자가 다르게 되었으나 당사자 사이에 그 건물을 철거하기로 하는 합의가 있었던 경우 → 성립× (건물철거의 합의는 관습상 법정지상권의 취득을 포기한 것)

⑤ 토지와 건물의 소유자가 건물만 양도하면서 양수인과 따로 대지에 대한 임대차계약을 체결한 경우 → 성립× (별도의 대지임대차계약은 관습상 법정지상권의 취득을 포기한 것)

⑥ 채권을 담보하기 위하여 나대지상에 가등기가 경료되었고 그 뒤 대지소유자가 그 지상에 건물을 신축하였는데, 그 후 가등기에 기한 본등기가 경료되어 대지와 건물의 소유자가 달라진 경우 → 성립× (성립하면 가등기담보권자의 이익을 해하기 때문)

⑦ 나대지에 환매특약등기가 마쳐진 상태에서 대지소유자가 그 지상에 건물을 신축하였는데, 그 후 환매권의 행사로 토지와 건물의 소유자가 달라진 경우 → 성립× (대지 소유자는 환매권 행사에 따라 환매권자에게 환매특약등기 당시의 권리관계 그대로의 토지소유권을 이전해 줄 의무를 부담하므로)

⑧ 토지의 공유자 중 1인이 공유토지 위에 건물을 소유하고 있다가 토지의 지분만을 타인에게 양도한 경우 → 성립× (公式 : 지안분생)

⑨ 공유토지 위에 공유자 중 1인 소유의 건물이 있었는데, 토지의 분할로 인해 대지와 건물의 소유자가 달라진 경우 → 성립○ (公式 : 지안분생)

55. 법정지상권 성립 후의 법률관계

① 당사자 사이의 지료에 관한 협의나 법원의 결정이 없다면 토지소유자는 지료연체를 이유로 지상권의 소멸을 청구할 수 없다. (지료지급을 지체한 것으로 볼 수 없으므로)

② 법정지상권의 지료가 판결에 의하여 정해진 경우, 지체된 지료가 판결확정의 전후에 걸쳐 2년분 이상이 되면 토지소유자는 지상권의 소멸을 청구할 수 있다. (판결확정일로부터 2년×)

③ 법정지상권이 성립한 후 건물이 증·개축되거나 신축된 경우에도 법정지상권은 그대로 인정된다. (단, 그 범위는 구 건물을 기준으로 한다.)

④ 법정지상권자는 법정지상권 취득 당시 토지소유자나 그로부터 토지소유권을 전득한 제3자에 대하여 등기 없이 지상권을 주장할 수 있다. (법정지상권 취득할 때 등기 不要, 제3자에게 대항할 때 등기 不要, 제3자에게 처분(양도)할 때 등기 要)

⑤ 법정지상권이 붙은 건물이 제3자에게 양도된 경우, 특별한 사정이 없는 한 건물과 함께 법정지상권도 양도하기로 하는 채권적 계약이 있었다고 해석된다. (법정지상권은 건물 소유를 위한 종된 권리이므로)

⑥ 법정지상권이 붙은 건물의 양수인이 건물의 소유권을 취득했다고 해서 법정지상권도 당연히 취득한 것으로 볼 수 없다. (법률행위에 의한 취득이므로 건물에 관한 소유권이전등기와 별도로 토지에 관한 지상권이전등기를 하여야 지상권을 취득한다.) ⇨ 32⑥

⑦ 장차 법정지상권을 취득할 지위에 있는 건물의 양수인에 대하여 대지소유자가 건물 철거나 대지인도를 청구하는 것은 허용될 수 없다. (의무자가 권리자를 상대로 한 것이어서 신의칙에 반한다.)

⑧ ⑦에서 건물의 양수인은 대지를 점유·사용함으로써 얻은 이익을 대지소유자에게 부당이득으로 반환해야 한다. (대지소유자의 부당이득반환청구는 신의칙에 반하지 않는다.)

⑨ 법정지상권이 붙은 건물의 소유권을 경매에 의하여 이전받은 매수인은 건물의 취득과 함께 그 지상권도 당연히(=등기 없이) 취득한다. (법률의 규정에 의한 물권취득이므로)

56. 지역권

① 지상권자나 전세권자도 지역권설정계약의 당사자가 될 수 있다.

② 지료는 지역권의 요소가 아니다. (지료는 등기법상 등기사항이 아니어서 등기를 할 수 없다.)

③ 요역지는 반드시 1필의 토지이어야 하나, 승역지는 1필의 토지의 일부라도 무방하다.

④ 요역지소유권이 이전되면 지역권도 이전된다. (지역권이전등기는 요하지 않는다.)

⑤ 지역권은 요역지와 분리하여 양도하거나 다른 권리의 목적으로 할 수 없다.

⑥ 요역지 공유자 중 1인이 지역권을 취득한 때에는 다른 공유자도 지역권을 취득한다. (불가분성)

⑦ 토지공유자의 1인은 자신의 지분에 관하여 그 토지를 위한 지역권 또는 그 토지가 부담한 지역권을 소멸시킬 수 없다. (불가분성)

⑧ 요역지의 공유자 중 1인에 의한 지역권 소멸시효의 중단은 다른 공유자에게도 효력이 있다. (소중은 1인!)

⑨ 지역권 취득기간의 중단은 지역권을 행사하는 모든 공유자에 대한 사유가 아니면 효력이 없다. (취중은 전원!)

⑩ 지역권은 계속되고 표현된 것에 한하여 취득시효의 대상이 된다. (가령 통로를 개설한 통행지역권)

⑪ 통로의 개설 없이 일정한 장소를 오랜 시일 통행한 사실만으로는 통행지역권을 시효취득할 수 없다. (계속된 지역권이 아니므로)

⑫ 스스로 자기 소유의 토지를 위하여 통행로를 개설하지 않은 자는 통행지역권을 시효취득할 수 없다.

⑬ 요역지의 불법점유자는 통행지역권을 시효취득할 수 없다.

⑭ 통행지역권을 시효취득한 경우, 요역지 소유자는 승역지 소유자가 입은 손해를 보상해야 한다. (주위토지통행권의 경우와 마찬가지)

⑮ 지역권자는 승역지의 불법점유자에 대하여 지역권에 기하여 승역지의 반환을 청구할 수 없다. (방해제거청구나 방해예방청구는 할 수 있다.)

57. 전세권

① 전세금의 지급이 반드시 현실적으로 수수되어야 하는 것은 아니고, 기존의 채권으로 그 지급에 갈음할 수 있다.

② 전세목적물이 양도된 경우, 전세권자는 양수인에게 전세금의 반환을 청구해야 한다. (전세권설정자 지위의 당연승계 + 전세금반환채무의 면책적 이전)

③ 전세목적물의 인도는 전세권의 성립요건이 아니다.

④ 전세권자가 목적물을 사용·수익하는 것을 완전히 배제하지 않는 한 주로 채권담보의 목적으로 전세권을 설정하는 것도 허용된다. (이 경우 목적물을 인도하지 않아도 전세권은 효력이 발생한다.)

⑤ 전세권자의 사용·수익을 배제하고 채권담보만을 목적으로 설정한 전세권은 무효이다. (물권법정주의 위반. 대판21)

⑥ 전세권의 존속기간이 시작되기 전에 마친 전세권설정등기도 유효한 것으로 추정된다. (전세권은 담보물권적인 성격이 있으므로)

⑦ 전세권의 존속기간이 만료되면 전세권의 용익물권적 권능은 말소등기 없이도 당연히 소멸한다. (담보물권적 권능은 전세금반환 시까지 존속한다.) ⇨ 유사 84⑤

⑧ 존속기간이 만료된 전세권도 전세금반환채권과 함께 담보물권으로서 제3자에게 양도할 수 있다. (담보부채권으로 양도)

⑨ 전세권의 존속기간은 10년을 넘지 못한다. (넘으면 10년으로 단축한다.)

⑩ 건물전세권의 최단존속기간은 1년이다. (토지전세권에는 최단존속기간의 제한이 없다.)

⑪ 전세권의 존속기간을 정하지 않은 경우, 각 당사자는 언제든지 전세권의 소멸을 통고할 수 있다. (상대방이 이 통고를 받은 날로부터 6개월이 경과하면 전세권이 소멸한다.)

⑫ 건물전세권이 법정갱신된 경우, 전세권자는 갱신의 등기 없이도 건물소유권을 취득한 제3자에게 대항할 수 있다. (법률의 규정에 의한 물권변동이므로)

⑬ 전세권자는 목적물의 현상을 유지하고 통상의 관리에 속한 수선을 하여야 한다. (따라서 전세권자에게는 필요비상환청구권이 인정되지 않는다.)

⑭ 전세권자가 목적물에 유익비를 지출한 경우, 소유자의 선택에 좇아 지출액이나 증가액의 상환을 청구할 수 있다. (전세권자의 선택×)

⑮ 타인의 토지에 있는 건물에 설정한 전세권의 효력은 그 건물의 소유를 목적으로 한 지상권 또는 임차권에 미친다. (이 경우 지상권·임차권은 건물 소유를 위한 종된 권리이므로)

⑯ 동일인 소유의 대지와 건물 중 건물에 전세권을 설정한 때에는 그 대지소유권의 특별승계인은 전세권설정자에 대하여 지상권을 설정한 것으로 본다. (제305조의 법정지상권. 법정지상권을 취득하는 자는 건물소유자인 전세권설정자이지 전세권자가 아님을 유의)

⑰ 전세권의 양도나 담보제공은 당사자 간의 특약으로 금지할 수 있다. (cf. 지상권의 양도·담보제공은 특약으로도 금지할 수 없다.)

⑱ 전세권이 존속하는 동안에는 전세금반환채권만 전세권과 분리하여 확정적으로 양도할 수 없다. (단, 전세권 존속 중에도 장래에 전세권이 소멸하는 경우에 전세금반환채권이 발생하는 것을 조건으로 그 장래의 조건부 채권을 양도할 수는 있다.)

⑲ 존속기간 만료나 합의해지 등으로 전세권이 소멸한 때에는 전세금반환채권만 양도할 수 있다. (무담보채권으로 양도)

⑳ 저당권의 목적인 전세권이 기간만료로 소멸하면 저당권자는 더 이상 전세권 자체에 대해 저당권을 실행할 수 없다. (전세금반환채권에 대해 물상대위를 해야 한다. 전세금반환채권에 대한 압류 및 추심·전부명령)

㉑ 건물의 일부에 전세권이 설정된 경우, 전세권자는 전세권에 기하여 건물 전부의 경매를 청구할 수 없다. (그 일부가 구조상·이용상의 독립성이 없어 그 부분만의 경매가 불가능한 경우에도 마찬가지이다.)

㉒ ㉑에서 전세권자는 건물 전부에 대하여 전세금의 우선변제를 받을 권리가 있다.

㉓ 토지임차인의 지상물매수청구권에 관한 규정(민법 제643조)은 토지의 전세권자에게도 유추적용된다. (대판07)

58. 유치권의 성립

① 건축도급의 수급인은 특별한 사정이 없는 한 자신의 재료와 노력으로 건축한 건물에 대해 유치권을 행사할 수 없다. (수급인 자신의 소유이므로)

② 유치권자의 점유는 직접점유가 아닌 간접점유라도 무방하다. (단, 채무자를 직접점유자로 하여 간접점유하는 경우에는 유치권이 성립하지 않는다.)

③ 임차인이 점유할 권원을 상실한 후에(가령 임대인이 임대차계약을 해지한 경우) 임차물에 지출한 비용상환청구권에 기하여는 유치권을 행사할 수 없다. (불법점유이므로)

④ 물건을 점유하기 전에 물건에 관한 채권을 취득한 자도 나중에 물건의 점유를 취득하면 유치권을 취득한다. (유치권이 성립하기 위해서 채권이 물건의 점유 중에 생겼을 필요는 없다.)
⑤ 목적물과 견련성이 없는 채권은 당사자 간의 특약에 의해서도 유치권의 피담보채권이 될 수 없다. (목적물과 견련관계가 없는 채권을 피담보채권으로 하는 유치권을 인정하는 것은 물권법정주의에 반한다. 대판23)
⑥ 임차인은 비용상환청구권에 기하여 임차물에 대한 유치권을 행사할 수 있다. (견련성○)
⑦ 임차인은 보증금반환청구권이나 권리금반환청구권에 기하여 임차물에 대한 유치권을 행사할 수 없다. (견련성×)
⑧ 건물임차인은 부속물에 대한 매매대금채권에 기하여 임차건물에 대한 유치권을 행사할 수 없다. (견련성×)
⑨ 건물신축공사의 수급인에게 건축자재를 공급한 자는 그 자재대금채권에 기하여 건물을 유치할 수 없다. (견련성×)
⑩ 부동산 매도인은 매매대금채권에 기하여 매수인이나 그에게서 부동산의 소유권을 취득한 제3자에게 유치권을 주장할 수 없다. (견련성×)
⑪ 유치권이 성립하기 위해서는 채권의 변제기가 도래하여야 한다.
⑫ 유익비상환청구권에 기한 유치권은 법원에 의하여 상환기한이 허여되면 소멸한다. (채권의 변제기가 도래하지 않은 상태가 되므로)
⑬ 당사자 간의 특약으로 유치권의 발생을 배제할 수 있다. (유치권의 성립에 관한 제320조는 임의규정이다.)
⑭ 유치권 배제특약(=유치권의 사전 포기)의 효력은 특약의 상대방뿐만 아니라 그 밖의 사람도 주장할 수 있다. (사후 포기의 경우도 마찬가지)
⑮ 유치권 배제특약에도 조건을 붙일 수 있다. (대판18)

59. 유치권의 효력과 소멸

① 유치권의 불가분성은 목적물이 분할가능하거나 수개의 물건인 경우에도 적용된다. (가령 다세대주택 창호공사 사례에서 한 세대에 대한 유치권은 전체 공사대금채권을 피담보채권으로 하여 성립한다.)
② 유치권에는 물상대위가 인정되지 않는다. (우선변제권이 없으므로)
③ 상대방이 물건의 인도를 청구하는 것이 아니라 소유권이전등기의 말소만을 청구하는 경우에는 유치권항변을 할 수 없다. (유치란 물건의 인도를 거절하는 것이지 등기말소를 거절하는 것이 아니다.)
④ 물건인도청구소송에서 피고의 유치권항변이 인용되는 경우, 법원은 상환이행판결을 선고하여야 한다. (원고일부승소판결○, 원고패소판결×)

⑤ 유치권은 채무자가 아닌 제3자에게도 행사할 수 있다. (유치권은 물권(절대권)이므로)

⑥ 유치물이 경매된 경우, 유치권자는 경락인에 대하여 유치권을 행사할 수 있을 뿐 채권의 변제를 청구할 수는 없다. (경락인이 채무를 인수한 것은 아니므로)

⑦ 부동산에 강제경매개시결정의 기입등기가 경료되어 압류의 효력이 발생한 이후에 유치권을 취득한 자는 그 유치권을 내세워 경락인에게 대항할 수 없다. (경매개시결정 이전에 유치권을 취득한 자는 경락인에게 대항할 수 있다.)

⑧ 건물에 가압류등기가 경료된 후에 유치권을 취득한 자는 그 후 그 건물에 대한 강제 경매가 개시되어 건물을 낙찰받은 경락인에게 유치권을 주장할 수 있다.

⑨ 저당권이 설정된 후에도 유치권을 취득할 수 있고, 그러한 유치권도 매각으로 소멸하지 않는다. (저당권이 설정된 건물에 대하여 경매개시결정 이전에 유치권이 성립한 때에는 유치권자는 경락인에게 대항할 수 있다.)

⑩ 유치권자는 유치물을 경매할 권리가 있다. (단, 우선변제권은 없다.)

⑪ 유치권자는 유치물의 과실을 수취하여 다른 채권자보다 먼저 자기 채권의 변제에 충당할 수 있다. (이자부터 충당하고 잉여가 있으면 원본에 충당한다.)

⑫ 공사대금채권에 기하여 유치권을 행사하는 자가 스스로 유치물인 주택에 거주하며 사용하는 것은 유치물의 보존에 필요한 사용에 해당한다. (따라서 불법행위로 인한 손해 배상책임을 지지 않는다.)

⑬ 유치권자가 유치물의 보존을 위해 유치물을 사용을 한 경우에도 그로 인한 이익은 부당이득으로 소유자에게 반환하여야 한다. (임료 상당의 부당이득반환)

⑭ 유치권자는 유치물의 점유를 침탈한 자에 대해 점유권에 기하여 반환을 청구할 수 있다. (유치권에 기한 반환청구는 인정되지 않는다.)

⑮ 점유침탈로 유치권을 상실한 자가 점유회수의 소를 제기하여 승소판결을 받아 점유를 회복하면 유치권은 되살아난다. (단, 점유를 회복하지 않으면 유치권은 부활하지 않는다.)

⑯ 하나의 채권을 피담보채권으로 하여 여러 필지의 토지에 대하여 유치권을 취득한 자가 그중 일부 필지의 토지에 대하여 선량한 관리자의 주의의무를 위반하였다면 위반 행위가 있었던 필지의 토지에 대하여만 유치권소멸청구가 가능하다. (대판22)

⑰ 유치권자가 유치권을 사후에 포기한 경우, 점유를 상실하지 않더라도 유치권은 곧바로 소멸한다.

⑱ 유치권의 행사는 채권의 소멸시효의 진행에 영향을 미지지 않는다. (유치권을 행사하고 있는 동안에도 채권의 소멸시효는 진행한다.)

⑲ 민법 제327조(타담보제공과 유치권소멸)에 따른 유치권소멸청구는 채무자뿐만 아니라 유치물의 소유자도 할 수 있다. (대판21)

⑳ 유치권자가 점유를 상실하면 유치권은 소멸한다. (점유는 유치권의 성립요건이자 동시에 존속요건이다.)

60. 저당권의 성립

① 저당권설정은 처분행위이므로 처분의 권리 또는 권한을 가진 자만이 저당권을 설정할 수 있다.

② 채무자가 아닌 제3자도 저당권설정자가 될 수 있다. (물상보증인)

③ 채권자가 아닌 제3자 명의의 저당권설정등기는 원칙적으로 무효이지만 채권자, 채무자, 제3자 사이의 합의로 채권이 제3자에게 실질적으로 귀속되었다고 볼 수 있는 특별한 사정(가령 채권양도)이 있는 경우에는 제3자 명의의 저당권설정등기도 유효하다.

④ 저당권의 객체가 될 수 있는 것 : 구분소유의 대상인 건물의 일부, 부동산의 공유지분, 지상권, 전세권, 입목, 준부동산(자동차, 선박, 항공기, 건설기계), 광업권, 어업권

⑤ 저당권의 객체가 될 수 없는 것 : 구분소유의 대상이 아닌 건물의 일부, 토지의 일부, 지역권, 등기된 임차권, 명인방법을 갖춘 수목

⑥ 저당권의 피담보채권은 반드시 금전채권일 필요가 없다. (이 경우 등기관은 채권의 평가액을 기록하여야 한다. 부동산등기법 제77조)

61. 저당권의 효력

① 건물에 대한 저당권의 효력은 그 건물에 부합된 증축부분에 미친다. (그 증축부분이 경매절차에서 경매목적물로 평가되지 않았더라도 경락인은 증축부분의 소유권을 취득한다.)

② 토지저당권의 효력은 무단식재된 수목에 미치지만, 지상권자가 심은 수목에는 미치지 않는다. (무단식재된 수목은 토지의 부합물이지만, 지상권자가 심은 수목은 부합물이 아니다.)

③ 건물의 임차인이 건물에 부속한 물건은 건물의 상용(常用)에 공(供)하여진 것이라도 건물저당권의 효력이 미치지 않는다. (주물의 소유자가 아닌 다른 사람 소유의 물건은 종물이 될 수 없으므로, 건물임차인이 부속한 물건은 건물의 종물이 아니다.)

④ 토지의 임차인이 임차지에 신축한 건물에 설정된 저당권이 실행되면 특별한 사정이 없는 한 토지임차권도 건물소유권과 함께 경락인에게 이전된다. (토지임차권은 건물의 소유를 위한 종된 권리이므로)

⑤ 저당부동산의 과실에는 저당권의 효력이 미치지 않는다. (단, 압류(=저당권실행착수)가 있은 후에는 과실에도 저당권의 효력이 미친다.)

⑥ 물상대위를 위한 압류는 반드시 저당권자가 스스로 해야 하는 것은 아니다. (제3자가 압류한 경우에도 저당권자는 물상대위권을 행사할 수 있다.)

⑦ 수용대상토지의 저당권자가 물상대위권 행사에 나아가지 않아 다른 채권자가 그 보상금으로부터 이득을 얻은 경우, 저당권자는 이를 부당이득으로 반환청구할 수 없다.

⑧ 위에서 저당목적물의 소유자가 보상금을 수령하였다면, 저당권자는 소유자에 대해 피담보채권액 상당에 대한 부당이득반환을 청구할 수 있다. (단, 더 이상 물상대위권(=우선변제권)을 행사할 수는 없다.)

⑨ 저당토지가 「공익사업을 위한 토지 등의 취득 및 보상에 관한 법률」에 따라 협의취득된 경우, 저당권자는 그 보상금에 대하여 물상대위를 할 수 없다. (협의취득은 매매와 같은 성질을 가진 것에 불과하여 저당권이 소멸하지 않고 토지에 추급할 수 있기 때문이다.)

⑩ 등기된 이자는 기간의 제한 없이 저당권에 의해 담보된다.

⑪ 지연배상에 대해서는 1년분에 한하여 저당권을 행사할 수 있다는 제360조 단서의 취지는 저당권자(=채권자)의 우선변제의 한도를 의미하는 것이지 채무자의 책임의 한도를 의미하는 것이 아니다. (가령 원본의 반환이 2년간 지체된 경우, 채무자는 원본 및 지연배상금 전부를 변제하여야 저당권설정등기의 말소를 청구할 수 있다.) ⇨ 유사 65③

⑫ 선순위 가압류채권자와 후순위 저당권자는 배당에 있어서 동순위이다. (후순위 저당권자는 선순위 가압류채권자에 대하여 저당권을 주장할 수 없으므로 채권액에 비례하는 안분배당을 받는다.) ⇨ 90③

⑬ 저당물의 소유권을 취득한 제3자는 그 저당물의 경매에서 경매인이 될 수 있다.

⑭ 저당부동산에 대하여 지상권이나 전세권을 취득한 제3자는 저당권자에게 그 부동산으로 담보된 채권을 변제하고 저당권의 소멸을 청구할 수 있다. (보통저당은 지연배상 1년분만, 근저당은 채권최고액까지만 변제)

⑮ 저당물의 제3취득자가 그 부동산의 보존, 개량을 위해 필요비 또는 유익비를 지출한 때에는 저당물의 경매대가에서 저당권자보다 우선상환을 받을 수 있다. (제367조)

⑯ 저당부동산의 소유권을 취득한 제3취득자가 직접 저당권설정자, 저당권자, 경락인에 대하여 비용상환을 청구할 수 있는 권리는 인정되지 않는다. (따라서 제3취득자는 제367조에 의한 비용상환청구권을 피담보채권으로 하는 유치권을 행사할 수 없다. 대판23)

⑰ 저당권은 그 피담보채권과 분리하여 양도할 수 없다. (수반성)

⑱ 피담보채권이 소멸하면 말소등기를 하지 않아도 저당권은 소멸한다. (부종성)

⑲ 저당권설정 후 부동산소유권이 제3자에게 이전된 경우, 저당권설정자인 종전 소유자는 현재 부동산의 소유자가 아니라도 피담보채무가 소멸하면 저당권설정등기의 말소를 청구할 수 있다. (현재 소유자는 물권적 청구권의 행사로, 종전 소유자는 계약상의 권리 행사로 각각 말소등기를 청구할 수 있다.)

62. 저당권실행경매로 인한 법정지상권(제366조) 성립 여부

> 나대지(×), 건축 중 예상(○), 철거 후 신축(공동×단독○), 함께(×), 설정 당시 동일인 소유(○)
> 토지공유(×), 건물공유(○), 배제특약(○)

① 나대지에 저당권이 설정된 후 저당권설정자가 저당권자의 승낙을 얻어 건물을 신축하였는데 그 후 저당권의 실행으로 토지와 건물의 소유자가 달라진 경우 → 성립×
(그러한 사정은 주관적 사항이고 공시할 수도 없는 것이어서 낙찰자로서는 알 수 없는 것이므로)

② 토지에 저당권이 설정될 당시 토지소유자에 의해 그 규모·종류를 예상할 수 있을 정도로 건물이 건축 중이었고, 그 후 독립된 부동산으로서의 건물의 요건을 갖춘 후에 토지에 대한 저당권이 실행된 경우 → 성립○ (건물의 존재를 예측할 수 있었으므로)

③ 가설건축물에 관하여는 민법 제366조의 법정지상권이 성립하지 않는다. (독립된 부동산으로서 건물은 토지에 정착되어 있어야 하는데, 가설건축물은 일시 사용을 위해 건축되는 구조물로서 설치 당시부터 일정한 존치기간이 지난 후 철거가 예정되어 있어 일반적으로 토지에 정착되어 있다고 볼 수 없으므로. 대판21)

④ 동일인 소유의 토지와 건물에 공동저당권이 설정된 후 그 건물이 철거되고 새로운 건물이 신축된 상태에서 저당물(=토지)이 경매된 경우 → 성립× (법정지상권이 성립하면 공동저당권자에게 불측의 손해를 입게 하므로. 公式 : 공안단생)

⑤ 동일인 소유의 토지와 건물 중 토지에 대해서만 저당권이 설정된 후 건물이 철거되고 새로운 건물이 신축된 상태에서 저당권이 실행된 경우 → 성립○ (단, 그 내용은 구 건물을 기준으로 한다. 公式 : 공안단생)

⑥ 미등기건물을 대지와 함께 매수한 자가 대지에 관하여만 소유권이전등기를 경료한 상태에서 대지에 설정한 저당권이 실행된 경우 → 성립× (저당권설정 당시에 토지와 건물이 동일인의 소유가 아니므로. 公式 : 함께 안 생겨요!)

⑦ 토지에 저당권을 설정할 당시에는 토지와 건물이 동일인 소유였는데 건물이 타인에게 양도되어 토지와 건물의 소유자가 달라진 상태에서 저당권이 실행된 경우 → 성립○ (제366조의 법정지상권이 성립하기 위해서는 저당권설정 당시에 토지와 건물이 동일인의 소유인 것으로 족하고, 저당권실행 시까지 동일인의 소유일 필요는 없다.)

⑧ 토지공유자 중 1인이 건물을 소유하고 있다가 토지의 공유지분 위에 설정한 근저당권이 실행되어 그 지분을 제3자가 취득한 경우 → 성립× (성립하면 다른 공유자를 해치므로)

⑨ 구분소유적 공유관계에 있는 토지의 공유자들이 그 토지 위에 각자 독자적으로 건물을 소유하면서 그 건물 또는 토지지분에 저당권을 설정하였다가 저당권의 실행으로 소유자가 달라진 경우 → 성립○

⑩ 당사자 간의 특약으로 법정지상권의 성립을 배제한 경우 → 성립○ (제366조는 공익상의 이유로 지상권의 성립을 강제하는 강행규정이므로, 법정지상권을 배제하는 당사자 간의 특약은 무효이다.)

63. **일괄경매청구권** 甲은 자신의 토지에 대하여 乙에게 저당권을 설정해 준 후 그 토지 위에 건물을 신축하였다.

① 乙이 저당권을 실행하여 토지와 건물의 소유자가 달라진 경우, 경락인은 甲에게 건물 철거를 청구할 수 있다. (그 건물을 위한 법정지상권이 성립하지 않으므로)

② 甲이 건물을 신축하여 소유하고 있다면 乙은 토지와 함께 건물에 대하여도 경매를 청구할 수 있다. (할 수 있다○, 해야 한다× : 일괄경매청구권은 권리일 뿐 의무가 아니다.)

③ 甲이 위 건물을 제3자에게 처분한 경우에는 乙은 일괄경매를 청구할 수 없다. (토지와 건물의 소유자가 다르므로)

④ 만일 위 건물이 甲으로부터 토지를 임차한 丙이 신축한 것이라면 乙의 일괄경매청구는 허용되지 않는다. (〃)

⑤ ④에서 甲이 丙으로부터 건물을 매수하여 소유권을 취득한 경우에는 乙의 일괄경매청구가 허용된다. (토지와 건물의 소유자가 동일하므로)

⑥ 乙이 토지만 경매하여도 충분히 채권을 변제받을 수 있는 때에도 건물에 대한 일괄경매청구가 허용된다. (일괄경매청구의 경우에는 과잉경매금지원칙이 적용되지 않는다.)

⑦ 乙이 일괄경매를 하는 경우에도 건물의 경매대가에서는 우선변제를 받을 수 없다. (토지저당권의 효력은 건물에 미치지 않으므로)

64. 저당권의 침해에 대한 구제

① 저당권자는 저당부동산의 불법점유자에 대하여 부동산의 인도를 청구할 수 없다. (저당권자에게는 목적물반환청구권이 인정되지 않고, 방해제거청구권과 방해예방청구권만 인정된다.)

② 선순위 저당권의 피담보채무가 소멸된 경우, 후순위 저당권자는 저당권에 기한 방해배제로서 그 등기의 말소를 청구할 수 있다. (저당권에 기한 방해제거청구권)

③ 불법말소된 저당권등기가 회복되기 전에 경매가 행하여져 매수인이 매각대금을 완납하였다면 저당권등기는 회복될 수 없다. (저당권은 경매로 이미 소멸하였으므로, 후순위 배당채권자에게 배당금에 대한 부당이득반환을 청구할 수 있을 뿐이다.)

④ 저당권설정자의 책임 있는 사유로 저당물의 가액이 현저히 감소된 경우, 저당권자는 담보물의 보충을 청구할 수 있다. (담보물보충청구권 : 원상회복 또는 상당한 담보제공 청구)

⑤ 채무자가 저당물을 손상, 감소, 멸실하였을 때에는 기한의 이익을 상실한다. (채권자는 즉시 변제를 청구할 수 있다.)

65. 근저당

① 근저당권설정등기에는 근저당권이라는 취지와 채권최고액을 명시하여야 한다. (근저당권의 존속기간은 필요적 기록사항이 아니다.)

② 피담보채권이 확정되기 전에는 채권이 일시적으로 소멸하거나 채권의 일부가 타인에게 양도되더라도 근저당권이 소멸하거나 양수인에게 이전하지 않는다. (부종성ㆍ수반성의 완화)

③ 채권최고액이란 근저당권자의 우선변제의 한도를 의미하는 것이지 채무자의 책임의 한도를 의미하는 것이 아니다. (채무자는 실제 발생한 채무 전액에 대해 책임을 져야 한다.)

④ 이자는 별도의 등기 없이도 근저당에 의해 담보된다. (이자는 최고액에 산입된 것으로 본다.)

⑤ 지연이자도 채권최고액 범위 내라면 1년분의 제한 없이 근저당에 의해 담보된다.

⑥ 실행비용은 채권최고액에 포함되지 않는다. (최고액과 별도로 담보된다.)

⑦ 근저당권자의 경매신청으로 피담보채권이 확정된 이후에 새로운 거래관계에서 발생한 원본채권은 그 근저당권에 의해 담보되지 않는다. (채권확정 후 새로 발생한 원본채권은 우선변제를 받을 수 없다는 의미)

⑧ ⑦에서 확정 전에 발생한 원본채권에 관하여 확정 후에 발생하는 이자나 지연손해금 채권은 채권최고액의 범위 내에서 근저당권에 의하여 여전히 담보된다.

⑨ 후순위 근저당권자가 경매를 신청한 경우, 선순위 근저당권의 피담보채권은 그 근저당권이 소멸하는 시기, 즉 경락인이 경락대금을 완납한 때에 확정된다. (경매를 신청한 근저당권자 자신의 피담보채권은 경매신청 시에 확정된다.)

⑩ 확정된 채권액이 최고액을 초과하는 경우, 근저당권설정자인 채무자는 최고액까지만 변제해서는 근저당권설정등기의 말소를 청구할 수 없다. (채무자는 실제 발생한 채무 전액에 대해 책임을 져야 한다.)

⑪ 물상보증인은 최고액만 변제하면 근저당권설정등기의 말소를 청구할 수 있고, 최고액을 초과하는 부분의 채권액까지 변제할 의무는 없다. (채무 없이 책임만 지는 제3취득자나 물상보증인은 그 부동산으로 채권최고액까지만 책임을 진다.)

- -

⑫ 공동근저당권의 목적부동산의 환가대금을 동시에 배당하는 경우, 공동근저당권자는 각 부동산의 환가대금으로부터 채권최고액만큼 반복하여 누적적으로 배당받을 수 없다. (채권최고액의 범위 내에서 피담보채권을 각 부동산의 환가대금에 비례한 액수로 나누어 배당받는다. 즉 공동저당에 관한 민법 제368조는 공동근저당권의 경우에도 적용된다.)

⑬ 공동근저당권자가 목적부동산 중 일부 부동산에 대하여 제3자가 신청한 경매절차에 소극적으로 참가하여 우선배당을 받은 경우, 해당 부동산에 관한 근저당권의 피담보채권은 그 근저당권이 소멸하는 시기, 즉 매수인이 매각대금을 지급한 때에 확정된다.

⑭ ⑬에서 나머지 목적부동산에 관한 근저당권의 피담보채권은 특별한 사정이 없는 한 확정되지 않는다. (기본거래가 종료하거나 채무자나 물상보증인에 대해 파산이 선고되는 등의 다른 확정사유가 발생하지 않는 한 확정되지 않는다. 대판17)

⑮ 공동근저당권자가 공동담보 목적부동산 중 일부에 대한 환가대금으로부터 피담보채권의 일부를 우선변제받은 경우, 나머지 목적부동산에 대하여 행사할 수 있는 우선변제권의 범위는 피담보채권의 확정 여부와 상관없이 최초의 채권최고액에서 우선변제받은 금액을 공제한 나머지 채권최고액으로 제한된다. (즉 이시배당의 경우도 동시배당의 경우와 마찬가지로 목적부동산의 각 환가대금으로부터 채권최고액만큼 누적적·반복적으로 배당받을 수 없다. 대판17 전합)

66. <u>공동저당</u> 乙은 甲에 대한 1억 원의 채권을 담보하기 위해 X건물(시가 1억 원)과 Y토지(시가 8천만 원)에 각각 1순위 저당권을 설정받았다. 그 후 乙이 저당권을 실행하여 X건물은 9천만 원, Y토지는 6천만 원에 매각되었다.

> (가) X건물과 Y토지가 모두 채무자 甲의 소유인 경우
>
> (나) X건물은 채무자 甲의 소유이고, Y토지는 물상보증인 丙의 소유인 경우

① (가)에서 각 부동산의 경매대가를 동시배당하는 경우, 乙은 X건물의 경매대가에서 6천만 원을, Y토지의 경매대가에서 4천만 원을 각각 배당받는다. (경매대가인 9 : 6 으로 안분배당한다.)

② ①의 안분배당의 법리는 후순위 저당권자의 존재 여부와 상관없이 적용된다. (동시배당을 할 때에는 후순위 저당권자가 없더라도 안분배당을 해야 한다.)

③ (가)에서 X건물의 경매대가를 먼저 배당하는 경우, 乙은 그 경매대가인 9천만 원 전액을 배당받을 수 있다. (이시배당, 순차배당 → 전액 배당)

④ ③에서 X건물의 차순위 저당권자는 乙을 대위하여 Y토지에 대한 저당권을 행사할 수 있다. (차순위 저당권자의 선순위 공동저당권자 대위)

⑤ (가)에서 乙이 피담보채권의 변제를 받기 전에 Y토지에 대한 저당권을 포기하였다면 乙은 X건물의 경매절차에서 '저당권을 포기하지 않았더라면 후순위 저당권자가 대위할 수 있었던 한도'에서는 후순위 저당권자에 우선하여 배당을 받을 수 없다. (대판11)

⑥ (나)에서 각 부동산의 경매대가를 동시배당하는 경우, 乙은 X건물의 경매대가에서 9천만 원을, Y토지의 경매대가에서 1천만 원을 배당받는다. (채무자 소유 부동산의 경매대가에서 우선적으로 배당을 받고, 부족분이 있는 경우에 한하여 물상보증인 소유 부동산의 경매대가에서 추가로 배당을 받는다.)

⑦ (나)에서 乙이 X건물을 먼저 경매하여 채권 전액을 변제받더라도 ④에서와 같은 차순위 저당권자의 대위가 인정되지 않는다. (물상보증인 소유의 부동산에 대하여는 차순위 저당권자의 대위가 인정되지 않는다.)

⑧ (나)에서 乙이 Y토지를 먼저 경매하여 채권 전액을 변제받더라도 甲은 乙에 대하여 피담보채무의 소멸을 들어 X건물에 대한 乙 명의의 저당권등기의 말소를 청구할 수 없다. (변제자대위의 법리에 따라 乙의 저당권은 소멸하지 않고 그 피담보채권과 함께 丙에게 이전되었기 때문이다.)

Chapter 03 계약법

67. 계약의 성립

① 계약이 성립하기 위해서 계약의 내용을 이루는 모든 사항에 관하여 의사의 합치가 있어야 하는 것은 아니다. (본질적 사항이나 중요사항에 관하여 합의가 있으면 충분하다.) ⇨ 76③

② 숨은 불합의(=무의식적 불합의)의 경우 계약이 성립하지 않으므로 착오로 인한 취소의 문제가 생기지 않는다. (홍콩 달러, 미국 달러 사건)

- -

③ 아파트 분양광고는 일반적으로 청약의 유인으로서의 성질을 가지므로 이를 이행하지 않았다고 하여 계약불이행책임을 물을 수 없다. (단, 분양광고 중 구체적인 거래조건, 가령 아파트의 외형·재질·구조 등에 관한 사항은 분양계약의 내용이 되어 법적 책임이 발생한다.)

④ 청약은 불특정다수인에 대하여 할 수 있으나, 승낙은 반드시 특정의 청약자에게 해야 한다. (불특정다수인에 대한 승낙은 허용되지 않는다.)

⑤ 격지자 간의 계약에서 청약은 상대방에게 도달한 때 효력이 발생한다. (청약은 격지자, 대화자를 불문하고 도달주의가 적용된다.)

- -

⑥ 청약에 대하여 상대방이 조건을 붙여 승낙한 때에는 그 청약을 거절하고 새로 청약한 것으로 본다. (따라서 원래의 청약은 실효된다.)

⑦ 승낙이 연착된 경우에도 청약자가 이에 대해 다시 승낙을 하면 계약이 성립할 수 있다. (연착된 승낙은 청약자가 새 청약으로 볼 수 있기 때문이다.)

⑧ 격지자 간의 계약은 승낙의 통지를 발송한 때 성립한다. (예외적 발신주의)

⑨ 승낙기간을 10월 20일로 하는 甲의 청약을 받은 乙이 10월 8일에 발송한 승낙통지가 10월 22일에야 甲에게 도달한 경우, 甲이 발송일을 확인하고도 연착사실을 통지하지 않았다면 10월 8일자로 계약이 성립한다. (청약자가 연착사실을 통지하지 않았으므로 승낙은 연착되지 않은 것으로 간주되고, 격지자 간의 계약이므로 승낙발송일에 계약이 성립한다.)

68. 계약체결상의 과실책임

① 이미 수용된 토지에 대하여 매매계약이 체결된 경우, 계약체결상의 과실책임이 인정될 수 있다. (계약이 원시적 불능으로 무효이므로)

② 계약의 쌍방 당사자가 모두 과실로 인하여 원시적 불능을 알지 못한 경우에는 계약체결상의 과실책임이 성립하지 않는다. (계약체결상의 과실책임은 일방은 악의 또는 과실, 상대방은 선의·무과실인 때에만 성립한다.)

③ 계약체결상의 과실로 인한 손해배상액은 계약이 유효함으로 인하여 생길 이익액(=이행이익액)을 넘지 못한다. (과잉배상 금지 : 신뢰이익의 손해배상 〈 이행이익)

- -

④ 계약교섭 중 부당파기로 계약의 성립이 좌절된 경우에는 계약체결상의 과실이 아니라 불법행위의 문제로 다루어야 한다. (우석대학교 사무직원 채용 사건)

⑤ ④에서 불법행위로 인한 손해는 계약이 유효하게 체결된다고 믿었던 것에 의해 입은 손해, 즉 신뢰손해에 한정된다. (가령 계약의 성립을 기대하고 지출한 통상의 계약준비비용)

⑥ 계약이 의사의 불합치로 성립하지 않은 경우, 일방은 상대방이 계약의 불성립을 알았거나 알 수 있었음을 이유로 민법 제535조를 유추적용하여 계약체결상의 과실로 인한 손해배상청구를 할 수 없다. (계약체결상의 과실책임은 계약이 성립한 경우에만 문제된다. 대판17)

⑦ 수량지정매매에서 실제면적이 계약면적에 미달하는 경우(=수량부족의 경우), 매수인은 그 미달부분이 원시적 불능임을 이유로 계약체결상의 과실책임을 물을 수 없다. (수량부족에 대한 매도인의 담보책임(제574조)을 물을 수 있을 뿐이다.) ⇨ 80⑧, 81⑤

69. 동시이행의 항변권

① 동시이행관계에 있는 일방의 채권이 양도되거나 채무가 인수되더라도 동시이행관계는 존속한다. (채권양도나 채무인수의 경우 채권·채무의 동일성이 유지되므로)

② 동시이행관계에 있는 쌍방 채무 중 어느 일방 채무의 이행불능으로 인한 손해배상채무는 상대방의 채무와 여전히 동시이행관계에 있다. (채권·채무의 동일성이 유지되므로)

③ 선이행의무자가 이행을 지체하고 있던 중에 상대방 채무의 변제기가 도래한 경우, 쌍방의 의무는 동시이행관계가 된다. (단, 그동안의 이행지체로 인한 책임은 져야 한다.)

④ 상대방의 이행이 곤란할 현저한 사유가 있는 때에는 선이행의무자도 예외적으로 동시이행의 항변권을 행사할 수 있다. (불안의 항변권)

⑤ 상대방이 채무내용에 좇은 이행을 제공한 때에는 동시이행의 항변권을 행사할 수 없다. (이행제공○ → 동시이행항변권× → 이행지체○)

⑥ 쌍무계약의 당사자 일방이 먼저 한 번 현실제공을 하고 상대방을 수령지체에 빠지게 하였더라도 그 이행의 제공이 계속되지 않는다면 상대방은 동시이행의 항변권을 행사할 수 있다. (이행제공 중단 → 동시이행항변권○ → 이행지체×)

⑦ 채무자가 동시이행의 항변권을 가지는 경우, 이행거절의 의사를 구체적으로 밝히지 않더라도 항변권의 존재 자체로 이행지체책임은 발생하지 않는다. (동시이행항변권의 지체저지효 : 항변권 존재의 효과○, 행사의 효과×)

⑧ 동시이행의 항변권이 붙은 채권을 자동채권으로 하는 상계는 금지된다. (즉 상대방이 동시이행의 항변권을 가진 경우에는 상계하지 못한다.)

⑨ 법원은 항변권자의 원용(=주장)이 없는 한 직권으로 동시이행항변권의 존재를 고려하지 못한다.

⑩ 원고의 이행청구에 대한 피고의 동시이행항변권이 인정된 경우, 법원은 상환이행판결을 선고하여야 한다. (원고일부승소판결○, 원고패소판결×)

70. 동시이행관계 인정 여부

① 가등기담보권의 사적 실행 시 채권자의 청산금지급의무와 채무자의 본등기 및 목적물 인도의무 : ○

② 가압류된 부동산의 매매에서 매도인의 소유권이전등기의무 및 가압류등기말소의무와 매수인의 대금지급의무 : ○

③ 매수인이 양도소득세를 부담하기로 약정한 경우, 매도인의 소유권이전등기의무와 매수인의 양도소득세액 제공의무 : ○

④ 구분소유적 공유관계가 해소되는 경우, 공유지분권자 상호간 지분이전등기의무 : ○
(해소방법은 공유물분할이 아니라 상호명의신탁 해지)

⑤ 채무자의 채무변제와 채권자의 저당권등기말소 : ✕ (채무의 변제와 저당권, 가등기담보권, 양도담보권의 말소는 모두 선후이행관계이다.)

⑥ 토지거래허가구역 내의 토지매매에서 매도인의 허가신청협력의무와 매수인의 매매 대금지급의무 : ✕ (허가신청절차에 대한 협력의무가 선행의무)

⑦ 임대인의 보증금반환의무와 임차인의 임차권등기명령에 의한 임차권등기말소의무 : ✕
(보증금반환이 선행의무)

⑧ 임차인의 임차물반환의무와 임대인의 권리금회수 방해로 인한 손해배상의무 : ✕
(양 채무는 별개의 원인에 기하여 발생한 것이어서 이행상 견련관계를 인정할 수 없다.)

⑨ 저당권실행경매가 무효인 경우, 낙찰자의 소유권이전등기말소의무와 저당권자의 배당금반환의무 : ✕ (서로 이행의 상대방을 달리하는 것이어서 동시이행관계가 아니다.)

71. **위험부담** 甲은 2025년 10월 1일 자신의 건물을 乙에게 매도하는 계약을 체결하고 10월 31일 소유권을 이전하기로 약정하였는데, 10월 20일 발생한 화재로 건물이 소실되었다.

① 그 화재가 甲과 乙 모두에게 책임 없는 사유로 발생한 것이라면 甲은 乙에게 매매 대금의 지급을 청구할 수 없다. (채무자 위험부담)

② ①에서 甲은 이미 지급받은 매매대금을 乙에게 반환하여야 한다. (부당이득반환)

③ 그 화재가 乙의 과실로 인한 것인 때에는 乙은 甲에게 매매대금을 지급하여야 한다.
(채권자 위험부담)

④ 그 화재가 乙의 수령지체 중에 이웃의 과실로 인한 것이라면 甲은 乙에게 매매대금의 지급을 청구할 수 있다. (채권자 위험부담)

⑤ ③이나 ④에서 甲은 자기의 채무를 면함으로써 얻은 이익을 乙에게 상환하여야 한다.

⑥ 위험부담에 관한 민법규정은 임의규정이므로 甲과 乙이 민법의 규정과 다른 내용의 특약을 한 경우, 그 특약은 유효하다.

72. **제3자를 위한 계약** 甲과 乙은 甲 소유의 건물에 대한 매매계약을 체결하면서 매매대금은 乙이 甲의 채권자인 丙에게 직접 지급하기로 약정하였고, 그 후 丙은 乙에 대하여 수익의 의사표시를 하였다.

① 丙의 수익의 의사표시는 제3자를 위한 계약의 성립요건이 아니다.

② 丙은 계약성립 당시 현존하거나 특정되어 있을 필요가 없다. (따라서 태아나 설립 중의 법인도 제3자가 될 수 있다.)

③ 甲, 丙 간의 채권관계(=대가관계)가 소멸하더라도 甲, 乙 간의 매매계약에는 영향을 미치지 않는다. (대가관계의 흠결이나 하자는 제3자를 위한 계약의 성립이나 효력에 영향을 미치지 않는다.)

④ 丙이 수익의 의사표시를 한 후에는 甲과 乙은 합의에 의해 丙의 권리를 소멸(합의해제)시키거나 변경(대금감액)시킬 수 없다. (단, 계약 당시 제3자의 권리를 변경·소멸시킬 수 있음을 미리 유보하였거나 제3자의 동의가 있는 때에는 변경·소멸시킬 수 있다.)

⑤ 丙은 계약을 해제하거나 취소할 수 없다. (수익자는 계약의 당사자가 아니므로)

⑥ 甲, 乙 간의 매매계약이 통정허위표시로서 무효인 경우, 乙은 그 무효로 선의의 丙에게 대항할 수 있다. (제3자를 위한 계약에서 수익자는 허위표시의 무효로부터 보호를 받는 민법 제108조 제2항의 제3자가 아니다. 새로운 이해관계를 맺은 자가 아니기 때문이다.)

⑦ 乙이 甲의 사기를 이유로 매매계약을 취소한 경우, 乙은 그러한 사정을 모른 丙에 대하여 취소의 효과를 주장할 수 있다. (수익자는 사기·강박을 이유로 한 취소로써 대항하지 못하는 민법 제110조 제3항의 제3자가 아니다.)

⑧ 丙이 수익의 의사표시를 한 후에도 乙의 채무불이행이 있으면 甲은 丙의 동의 없이 계약을 해제할 수 있다. (계약이 해제되면 丙이 취득한 매매대금채권은 소멸한다.)

⑨ 甲이 乙의 채무불이행을 이유로 매매계약을 해제한 경우, 乙은 丙을 상대로 원상회복을 청구할 수 없다. (해제로 인한 계약관계의 청산은 계약의 당사자인 요약자와 낙약자 사이에서 이루어져야 한다.)

⑩ 甲이 乙의 채무불이행을 이유로 매매계약을 해제한 후에도 丙은 乙에게 채무불이행으로 인한 손해배상을 청구할 수 있다. (계약의 해제나 해지는 손해배상의 청구에 영향을 미치지 않기 때문이다.)

⑪ 丙의 대금지급청구에 대하여 乙은 甲, 乙 간의 법률관계(=보상관계)에 기한 항변으로 대항할 수 있다. (가령 계약의 무효·취소·해제의 항변, 동시이행의 항변 등을 할 수 있다.)

⑫ 丙의 대금지급청구에 대하여 乙은 甲, 丙 간의 법률관계(=대가관계)에 기한 항변으로 대항할 수 없다. (가령 제3자를 위한 계약 체결의 원인이 된 甲과 丙 사이의 계약이 무효이더라도 乙은 이를 이유로 丙의 대금지급청구를 거절할 수 없다.)

73. 계약의 해제

① 약정해제권을 행사하는 경우에는 해제의 효과로서 손해배상청구를 할 수 없다. (채무불이행을 이유로 해제한 것이 아니므로)

② 약정해제권의 유보는 채무불이행으로 인한 법정해제권의 성립에 아무런 영향을 미치지 않는다. (약정해제권이 유보된 경우에도 채무불이행이 있으면 이를 이유로 계약을 해제할 수 있다.)

----

③ 이행지체로 인한 계약해제의 전제요건인 최고는 반드시 일정한 기간을 명시하여 해야 하는 것은 아니다. (기간이 상당하지 않거나 기간을 정하지 않은 최고도 최고로서 유효하고, 최고한 때로부터 상당한 기간이 경과하면 해제권이 발생한다.)

④ 당사자 일방이 미리 채무를 이행하지 않을 의사를 표시한 경우(이행거절), 상대방은 최고 없이 계약을 해제할 수 있다. (단, 이행거절의 의사표시가 적법하게 철회된 경우에는 다시 최고를 해야 한다.)

⑤ 정기행위의 경우 이행지체가 있으면 최고 없이 곧바로 해제권이 발생한다. (최고를 요하지 않을 뿐 해제의 의사표시는 필요하다.)

----

⑥ 채무자의 책임 있는 사유로 채무이행이 불능하게 된 때에는 채권자는 곧바로 계약을 해제할 수 있다. ('곧바로'의 의미 : 최고 不要, 이행기 도래 不要, 자기 채무 이행제공 不要)

⑦ 매도인의 소유권이전의무가 매수인의 귀책사유로 이행불능이 된 경우에는 매수인은 매매계약을 해제할 수 없다. (이는 채무불이행이 아닌 위험부담의 문제이다.)

----

⑧ 부수적 채무의 불이행으로는 해제권이 발생하지 않는다. (부수적 채무의 불이행을 이유로 계약을 해제하기 위해서는 그로 인해 계약의 목적을 달성할 수 없거나 특별한 약정이 있어야 한다.)

⑨ 일방 당사자의 계약위반을 이유로 계약을 해제한 상대방이 계약이 존속함을 전제로 계약상의 의무이행을 구하는 경우, 계약을 위반한 당사자도 상대방의 해제로 계약이 소멸되었음을 들어 그 이행을 거절할 수 있다. (해제의 의사표시는 철회하지 못하므로)

⑩ 당사자가 수인인 경우 계약의 해제는 그 전원으로부터 또는 전원에 대하여 해야 한다. (해제권의 불가분성)

----

⑪ 매매계약이 해제되면 매수인에게 이전되었던 소유권은 말소등기 없이도 매도인에게 자동으로 복귀한다. (따라서 계약해제 이후 매도인이 매수인에 대해 행사하는 말소등기청구권은 소유권에 기한 물권적 청구권의 행사로서 소멸시효에 걸리지 않는다.) ⇨ 74①

⑫ 계약이 해제되면 당사자는 이익의 현존이나 선의·악의 여부에 관계없이 받은 급부의 전부를 부당이득으로 반환하여야 한다. (원상회복)

⑬ 계약해제로 인하여 반환할 금전에 부가하는 이자는 부당이득의 반환이지 이행지체로 인한 손해배상이 아니다. ⇨ 74②

⑭ 계약해제 이전에 당사자의 일방이 목적물을 이용한 경우에는 그 사용이익까지 상대방에게 반환해야 한다. (사용이익 ≒ 과실 / 단, 감가비 상당액은 반환할 성질의 것이 아니다.)

⑮ 계약해제로 인한 원상회복의무의 이행에는 과실상계가 적용되지 않는다. (과실상계는 손해배상책임에 대해 적용되는 법리인데, 원상회복은 부당이득반환이지 손해배상이 아니다.)

⑯ 매매계약이 해제되기 전에 매수인의 재산이 된 계약의 목적물을 가압류한 자는 계약의 해제로부터 보호되는 제3자에 해당한다.

⑰ 매수인과 매매예약을 체결한 후 소유권이전청구권 보전을 위한 가등기를 마친 사람도 제548조 제1항 단서의 제3자에 포함된다.

⑱ 계약이 해제되기 전에 계약상의 채권을 양수하거나 압류·가압류한 자는 계약해제로부터 보호되는 제3자에 해당하지 않는다. (계약이 해제되면 계약상의 채권 그 자체가 소멸하기 때문에 물건이 아닌 채권에 이해관계를 가진 자는 계약해제로부터 보호받지 못한다.)

⑲ 계약의 해제는 손해배상의 청구에 영향을 미치지 않는다. (계약을 해제하여 원상회복을 받은 경우에도 그것으로 전보되지 않은 손해에 대하여는 별도로 다시 배상을 청구할 수 있다.)

⑳ 채무불이행을 이유로 계약해제와 아울러 손해배상을 청구하는 경우, 이행이익의 배상을 구하는 것이 원칙이다. (계약 유효 → 이행이익 배상 / 계약 무효·불성립 → 신뢰이익 배상)

74. **해제의 효과** 甲은 자신의 주택에 대한 매매계약을 乙과 체결하고 乙의 부탁으로 계약금과 중도금만 받은 상태에서 주택의 인도와 등기를 마쳐 주었다. 그런데 그 후 乙이 잔금을 지급하지 않아 甲이 매매계약을 해제하였는데 乙 명의의 등기가 말소되기 전에 이러한 사정을 모르는 丙이 乙로부터 위 주택을 임차하여 입주 및 전입신고를 마쳤다.

① 甲의 乙에 대한 말소등기청구권은 소유권에 기한 물권적 청구권으로서 소멸시효에 걸리지 않는다. (계약이 해제되면 물권은 말소등기 없이도 당연히 계약 전의 상태로 복귀한다.)

② 甲의 대금반환의무와 乙의 주택인도의무가 동시이행관계에 있는 것과 상관없이 甲은 반환할 계약금과 중도금에 받은 날로부터의 이자를 가하여야 한다. (이때의 이자는 부당이득반환이지 손해배상이 아니기 때문이다.)

③ 乙은 甲에게 丙으로부터 받은 차임을 반환해야 한다. (이자 반환 ≒ 과실 반환)

④ 丙은 甲에게 자신의 임차권으로 대항할 수 있다. (해제 후 말소등기 전에 선의로 권리를 취득한 제3자도 계약의 해제로부터 보호된다.)

75. 합의해제 (해제계약) ≠ 해제

① 계약의 합의해제로 인하여 반환할 금전에는 그 받은 날로부터의 이자를 가하여야 할 의무가 없다.

② 계약이 합의해제된 경우에는 채무불이행으로 인한 손해배상을 청구할 수 없다.

③ 매매계약이 합의해제되면 매수인에게 이전되었던 소유권은 당연히 매도인에게 복귀한다. ⇨ 74①

④ 계약이 합의해제된 경우에도 민법상 해제의 효과에 따른 제3자 보호규정이 적용된다.

76. 매매의 성립

① 매매계약은 성립 당시에 당사자가 누구인지가 구체적으로 특정되어 있어야 성립할 수 있다. (대판21)

② 타인의 물건이나 권리도 매매의 목적물이 될 수 있다. (매매계약은 채권행위이므로)

③ 대금지급의 시기나 장소에 관한 합의가 없더라도 매매계약은 성립할 수 있다. (그것은 부수적 사항에 불과하여 관습이나 임의규정으로 보충할 수 있다.)

④ 매매계약에 관한 비용은 당사자 쌍방이 균분하여 부담한다. (이는 임의규정이므로 일방이 매매비용을 전부 부담한다는 특약도 유효하다.)

77. 매매의 예약

① 매매의 일방예약이 성립하려면 예약에 터잡아 맺어질 본계약(=매매)의 요소인 매매의 목적물과 매매가액 등의 내용이 확정되어 있거나 확정할 수 있어야 한다.

② 매매예약이 성립한 이후 예약완결의 의사표시 이전에 목적물이 멸실된 경우에는 예약완결권을 행사할 수 없다. (예약완결의 의사표시를 하여도 매매의 효력이 생기지 않는다.)

③ 예약완결권은 형성권으로서, 행사기간의 약정이 없는 때에는 예약이 성립한 때로부터 10년 내에 행사하여야 한다. (제척기간의 경과 여부는 법원의 직권조사사항이다.)

④ 당사자가 약정하는 예약완결권의 행사기간에는 특별한 제한이 없다. (대판17)

⑤ 당사자 사이에 예약완결권을 행사할 수 있는 시기를 특별히 약정한 경우에도 그 제척기간은 당초 권리의 발생일로부터 10년간의 기간이 경과되면 만료된다. (대판95)

⑥ 예약의무자가 목적물을 제3자에게 양도한 경우, 예약완결권의 행사는 양도인(=원래의 예약의무자)에게 해야 한다. (예약완결권이 가등기된 경우에도 마찬가지이고, 본등기청구도 양도인에게 해야 한다.)

78. 계약금 甲은 자기 소유의 토지를 乙에게 매도하는 계약을 체결하고 乙로부터 계약금을 수수하면서 "乙이 위약한 경우에는 甲이 계약금을 몰수하고, 甲이 위약한 경우에는 乙에게 계약금의 배액을 상환한다."는 특약을 하였다.

① 甲, 乙 간에 다른 약정이 없으면 계약금은 해약금으로 추정한다.

② 계약금을 지급하기로 약정만 하였거나 일부만 지급한 단계라면 甲과 乙은 계약금에 의한 해제를 할 수 없다. (계약금계약은 요물계약이므로)

③ 甲이 계약금에 의해 계약을 해제하기 위해서는 계약금의 배액을 乙에게 상환하거나 적어도 이행제공 상태에 두어야 한다. (단, 乙의 수령거절 시 공탁까지는 요하지 않는다.)

④ 乙이 중도금을 지급하였다면 甲이 전혀 이행에 착수한 바가 없더라도 乙은 계약금을 포기하고 매매계약을 해제할 수 없다. (당사자 쌍방 중 일방이라도 이행에 착수하면 쌍방 모두 계약금에 의한 해제를 할 수 없다.)

⑤ 위 토지가 토지거래허가구역 내의 토지이고 거래허가를 받았더라도 아직 중도금이 지급되기 전이라면 甲과 乙은 계약금에 의한 해제를 할 수 있다. (토지거래허가를 받은 것은 이행의 착수가 아니다.)

⑥ 乙은 중도금지급기일 전에도 중도금을 지급할 수 있고, 이때 甲은 그 수령을 거절하고 계약금의 배액을 상환하여 계약을 해제할 수 없다. (이행기 전의 이행착수도 가능하다.)

⑦ 甲과 乙이 계약금에 의한 해제를 배제하는 약정을 하였다면 더 이상 그 해제권을 행사할 수 없다. (민법 제565조(해약금)는 임의규정이다.)

⑧ 계약금에 의한 해제의 경우에는 원상회복이나 손해배상의 문제가 생기지 않는다. (이행착수 전의 해제이고, 채무불이행으로 인한 해제가 아니므로)

⑨ 甲, 乙 간의 계약금의 수수는 채무불이행을 이유로 하는 해제 및 손해배상을 배제하는 것이 아니다. (계약금 지급 여부와 관계없이 채무불이행으로 인한 법정해제는 가능하다.)

⑩ 甲, 乙 간의 위 특약에 의해 계약금은 해약금의 성질과 함께 위약금(=손해배상액의 예정)으로서의 성질을 가진다. (해약금과 위약금의 성질을 겸유한다.)

⑪ 乙이 위약한 경우, 甲이 실제로 입은 손해가 계약금을 넘는 때에도 甲은 이를 입증하여 초과된 금액을 별도로 청구할 수 없다. (甲은 약정한 대로 계약금만 몰수할 수 있다.)

⑫ 계약금을 위약금으로 하는 특약이 없었다면 乙의 귀책사유로 계약이 해제되더라도 甲은 계약불이행으로 입은 실제 손해만 배상받을 수 있을 뿐, 계약금이 위약금으로서 당연히 甲에게 귀속되는 것은 아니다. (계약금은 특약이 있을 때에만 위약금의 성질을 가진다.)

79. 매매의 일반적 효력

① 매수인이 매매대금을 완납한 때에는 매매목적물을 인도하기 전이라도 그 이후의 과실 수취권은 매수인에게 속한다. (대금완납 전에는 과실수취권은 매도인에게 속한다.)

② 매매목적물의 인도와 동시에 대금을 지급하기로 한 경우에는 그 인도장소가 대금지급 장소로 된다.

③ 매매목적물에 대해 권리를 주장하는 자가 있는 경우, 매수인은 매수한 권리를 잃을 위험이 있는 한도에서 대금지급을 거절할 수 있다.

80. 매도인의 담보책임

① 매도인의 담보책임은 무과실책임으로 과실상계의 규정이 준용될 수 없다. (단, 공평의 원칙상 하자의 발생 및 확대에 가공한 매수인의 잘못을 참작하여 손해배상의 범위를 정하여야 한다.) ⇨ 21③(표현대리에서의 본인의 책임), 73⑮(계약해제로 인한 원상회복)

② 타인의 권리를 매매한 매도인은 선의의 매수인에 대하여 불능 당시의 시가를 기준으로 계약이 완전히 이행된 것과 동일한 경제적 이익을 배상할 의무가 있다. (이행이익 배상)

③ 민법이 정한 담보책임을 가중하거나 감경 또는 면제하는 당사자 간의 특약은 유효하다. (담보책임에 관한 민법규정은 임의규정이다.) ⇨ 80⑨

④ 담보책임의 면제특약이 있는 경우에도 매도인이 알고 고지하지 않은 하자에 대하여는 책임을 면하지 못한다.

⑤ 담보책임의 제척기간은 출소기간(出訴期間)이 아니다. (따라서 매수인은 담보책임상의 권리행사를 재판상 또는 재판 외에서 할 수 있다.)

⑥ 매매계약 내용의 중요부분에 착오가 있는 경우, 매수인은 매도인의 하자담보책임이 성립하는지와 상관없이 착오를 이유로 매매계약을 취소할 수 있다. (담보책임과 착오로 인한 취소는 경합한다. 고화(古畵) 위작 사건) ⇨ 13⑭

⑦ 매수인이 매도인의 기망에 의해 타인의 물건을 매도인의 것으로 잘못 알고 매수한 경우, 매수인은 매도인의 담보책임을 물어 매매계약을 해제할 수도 있고 사기를 이유로 매매계약을 취소할 수도 있다. (담보책임과 사기로 인한 취소는 경합한다.)

⑧ 수량지정매매에서 실제면적이 계약면적에 미달하는 경우, 매수인은 매도인의 담보책임을 물어 대금감액청구권을 행사할 수 있을 뿐, 그 미달 부분만큼 일부무효임을 들어 부당이득반환을 청구하거나 계약체결상의 과실책임을 물을 수 없다. (계약이 유효하므로 계약체결상의 과실책임은 성립하지 않는다.) ⇨ 81⑤

⑨ 매수인이 매매목적물에 관한 저당권의 피담보채무를 인수하는 것으로 매매대금의 지급에 갈음한 경우에는 저당권의 실행으로 취득한 소유권을 상실하더라도 매도인에 대해 담보책임을 물을 수 없다. (위 이행인수로 매수인이 매도인의 담보책임을 면제해 주었거나 담보책임을 물을 권리를 포기한 것으로 볼 수 있다.)

⑩ 가등기된 부동산의 매수인이 가등기에 기한 본등기의 경료로 소유권을 상실한 경우, 매수인은 선의·악의를 불문하고 매매계약을 해제하고 손해배상을 청구할 수 있다. (가등기 ≒ 저당권)

⑪ 가압류된 부동산의 매수인이 가압류에 기한 강제집행으로 소유권을 상실한 경우, 매수인은 선의·악의를 불문하고 매매계약을 해제하고 손해배상을 청구할 수 있다. (가압류 ≒ 저당권)

⑫ 건축을 목적으로 매매된 토지가 건축허가를 받을 수 없어 건축이 불가능한 경우, 이러한 법률적 제한 내지 장애도 매매목적물의 하자에 해당한다. (권리의 하자가 아니라 물건의 하자에 해당한다.)

⑬ 매매의 목적물에 하자가 있는지 여부는 매매계약 성립 시를 기준으로 판단한다. (계약 체결 시○, 이행기×, 인도 시×)

⑭ 목적물의 하자에 대해 선의인 매수인도 과실이 있는 경우에는 매도인에 대하여 담보 책임을 물을 수 없다. (물건의 하자에 대한 담보책임에서는 매수인의 선의·무과실을 요한다.)

⑮ 종류물매매에서 특정된 물건에 하자에 있는 경우, 매수인은 해제나 손해배상청구를 하지 않고 하자 없는 물건을 청구할 수 있다. (단, 완전물급부청구와 함께 손해배상을 청구할 수는 없다.)

⑯ 경매의 경우에는 물건의 하자에 대한 담보책임은 인정되지 않는다. (경매에서는 권리의 하자에 대해서만 담보책임을 인정한다.)

⑰ 경매절차가 무효인 경우에는 담보책임이 인정되지 않는다. (부당이득반환의 법리에 따라 대금의 반환을 청구할 수 있을 뿐이다.)

⑱ 경매에서 1차적으로 담보책임을 지는 자는 채무자이다. (채무자가 자력이 없을 때에는 2차적으로 배당채권자가 담보책임을 진다.)

⑲ 경매의 경우 원칙적으로 담보책임의 내용으로 손해배상청구권이 인정되지 않는다. (단, 채무자나 배당채권자가 악의일 때에는 예외적으로 손해배상청구권이 인정된다.)

81. 매도인의 담보책임 매도인 甲과 매수인 乙은 토지 1,000㎡에 대한 매매계약을 체결하였다.

① 토지의 전부가 丙의 소유여서 乙이 소유권을 취득할 수 없는 때에는 乙은 선의 · 악의에 관계없이 매매계약을 해제할 수 있다. (손해배상청구는 선의인 경우에만 할 수 있다.)

② ①에서 甲이 선의인 경우에는 乙의 손해를 배상하고 계약을 해제할 수 있다. 단, 乙이 악의인 경우에는 甲은 손해배상 없이 계약을 해제할 수 있다. (전부 타인 권리 매매에서 선의의 매도인의 해제권 특칙)

③ 1,000㎡ 중 200㎡가 丙의 소유여서 乙이 그 200㎡의 소유권을 취득할 수 없는 때에는 乙은 악의인 경우에도 대금감액을 청구할 수 있다. (해제와 손해배상청구는 선의인 경우에만 할 수 있다.)

④ 토지의 ㎡당 가격을 정하여 매매하였는데 실제로는 900㎡밖에 되지 않는 경우, 乙은 선의인 경우에 한하여 대금감액을 청구할 수 있다. (해제나 손해배상청구도 선의인 경우에만 할 수 있다.)

⑤ ④에서 乙은 미달한 100㎡만큼 일부무효임을 주장하여 부당이득반환을 청구하거나 계약체결상의 과실책임을 물을 수 없다.

⑥ 위 토지에 지상권, 전세권, 유치권 등이 있는 경우에도 乙이 계약 당시 이를 알았다면 그로 인한 담보책임의 문제는 생기지 않는다. (선의인 경우에만 해제나 손해배상청구를 할 수 있다.)

⑦ 위 토지에 설정되어 있던 저당권이 실행되어 乙이 소유권을 잃은 때에는 乙은 악의인 경우에도 계약을 해제하고 손해배상을 청구할 수 있다. (저당권 · 가등기 · 가압류의 경우는 매수인의 선의 · 악의를 불문한다.)

⑧ ①과 ⑦에서 乙의 권리행사에는 제척기간의 제한이 없다.

82. 환매

① 환매특약은 반드시 매매계약과 동시에 하여야 한다.

② 환매권은 타인에게 양도하거나 채권자가 대위행사할 수 있다. (환매권은 일신전속권이 아니다.)

③ 환매대금은 특약이 없으면 최초의 매매대금 및 매수인이 부담한 매매비용이다. (당사자는 특약으로 환매대금을 다르게 정할 수 있다.)

④ 환매대금에는 원칙적으로 이자가 포함되지 않는다. (대금의 이자와 목적물의 과실은 상계한 것으로 본다.)

⑤ 환매기간은 부동산은 5년, 동산은 3년을 넘지 못한다.

⑥ 환매기간은 한 번 정하면 연장할 수 없다.

⑦ 환매등기가 되어 있는 목적물을 제3자가 취득한 경우, 환매의 의사표시는 제3자, 즉 현재의 소유자에게 하여야 한다.

⑧ 환매로 인한 소유권의 취득은 등기를 해야 효력이 생긴다.

⑨ 환매로 인한 소유권이전등기청구권은 채권적 청구권으로서, 환매권을 행사한 때로부터 10년의 소멸시효에 걸린다.

⑩ 환매권이 행사되면 환매등기 후에 마쳐진 제3자의 근저당권 등 제한물권은 소멸한다.

83. 교환

① 재산권이 아닌 노무의 제공이나 일의 완성 등은 교환계약의 목적이 될 수 없다.

② 당사자 일방이 보충금의 지급을 약정한 경우, 그에 대하여는 매매대금에 관한 규정을 준용한다. (단, 보충금지급약정이 있다고 하여 매매계약이 성립하는 것은 아니다.)

③ 보충금의 미지급은 교환계약의 해제사유가 될 수 있다. (보충금지급채무는 주된 채무이다.)

④ 교환계약의 목적물인 당사자 일방의 건물이 쌍방에게 책임 없는 사유로 소실된 경우, 그 당사자는 상대방에 대하여 반대급부를 청구할 수 없다. (채무자 위험부담)

⑤ 교환계약의 각 당사자는 목적물의 하자에 대해 담보책임을 부담한다. (유상계약이므로)

84. 임대차

① 임대인에게 목적물에 대한 소유권 기타 임대권한이 없는 경우에도 임대차계약은 유효하게 성립한다. (임대차계약은 채권계약, 의무부담행위이므로)

② 차임은 임대차의 필수요소이나, 보증금의 수수는 임대차의 성립요건이 아니다.

③ 건물의 소유를 목적으로 한 토지임대차는 이를 등기하지 않은 경우에도 임차인이 그 지상건물을 등기하면 제3자에 대한 효력이 생긴다. (단, 건물이 멸실하면 토지임차권의 대항력은 소멸한다.)

④ 부동산임차권이 대항력을 갖춘 경우에는 임차권 자체에 기한 방해배제청구권이 인정된다. (대항력이 없는 경우에는 소유자인 임대인의 물권적 청구권을 대위행사해야 한다.)

⑤ 등기된 임차권에는 용익권적 권능 외에도 담보권적 권능이 있다. (임대차기간이 종료되면 용익권적 권능은 임차권등기의 말소등기 없이도 곧바로 소멸하나 담보권적 권능은 곧바로 소멸하지 않는 것이어서, 임차인은 임대차기간이 종료한 후에도 임차보증금을 반환받기까지 임대인이나 그 승계인에 대하여 임차권등기의 말소를 거부할 수 있다.) ⇨ 57⑦

⑥ 임대차기간을 영구(永久)로 정한 임대차계약도 허용된다. (계약자유의 원칙. 대판23)

⑦ 기간을 영구로 하는 임대차계약은 임차인에게는 기간의 정함이 없는 임대차가 된다. (영구임대의 취지는 임대인이 차임지급 지체 등 임차인의 귀책사유로 인한 채무불이행이 없는 한 임차인이 임대차관계의 유지를 원하는 동안 임대차계약이 존속되도록 보장하여 주는 의미로, 이와 같은 임대차기간의 보장은 임대인에게는 의무가 되나 임차인에게는 권리의 성격을 갖는 것이므로 임차인으로서는 언제라도 그 권리를 포기할 수 있다. 대판23)

⑧ 부동산임대차에서 기간의 약정이 없는 때에는 당사자는 언제든지 계약해지의 통고를 할 수 있다. (임대인이 통고한 경우는 6월, 임차인이 통고한 경우는 1월이 경과하면 해지의 효력이 생긴다.)

⑨ 묵시적 갱신의 경우에 제3자가 제공한 담보(질권, 저당권 등)는 기간의 만료로 소멸한다. (단, 보증금은 제3자가 제공한 경우에도 소멸하지 않는다.)

⑩ 임대인은 임대차계약이 존속하는 동안 임차목적물을 사용·수익에 필요한 상태로 유지하게 할 의무를 진다. (임대인의 유지·수선의무)

⑪ 당사자는 특약에 의해 임대인의 수선의무를 면제하고 임차인의 부담으로 할 수 있다. (임대인의 수선의무를 정한 제623조는 임의규정이다.)

⑫ 임대인이 목적물을 사용·수익하게 할 의무를 불이행하여 목적물의 사용·수익이 부분적으로 지장이 있는 경우에는 임차인은 그 지장의 한도 내에서 차임의 지급을 거절할 수 있다. (그 한도를 넘는 차임 전부의 지급거절은 채무불이행이 된다.)

⑬ 통상의 임대차에서 임대인은 임차인의 안전을 배려하고 도난을 방지하는 등의 보호의무를 부담하지 않는다. (일시사용을 위한 임대차인 숙박계약에서는 임대인이 보호의무를 부담한다.)

⑭ 임대인의 동의를 얻어 임차권이 양도된 경우, 임차인의 연체차임채무나 손해배상채무는 특약이 없는 한 양수인에게 이전되지 않는다.

⑮ 임대차계약에서 보증금이나 임료를 지급하였다는 입증책임은 임차인이 부담한다.

⑯ 임대차 종료 전에는 연체차임이 별도의 공제의 의사표시 없이 보증금에서 당연히 공제되는 것은 아니다. (임대차가 종료되면 연체차임채무나 손해배상채무는 별도의 의사표시 없이 당연히 공제된다.)

⑰ 임차인이 임대차계약 종료 이후 동시이행의 항변권을 주장하여 목적물을 계속 점유한 경우, 그 점유는 불법점유라 할 수 없어 임차인은 임대인에 대하여 손해배상책임을 지지 않는다.

⑱ ⑰에서 임차인이 임차물을 계속 점유하여 사용·수익하였다면 그 사용·수익으로 인해 얻은 이익은 부당이득으로 임대인에게 반환하여야 한다. (단, 임차인이 임차물을 계속 점유한 경우에도 현실적으로 사용하지 않아 실질적인 이득을 얻은 바가 없다면 부당이득반환 의무가 없다.) ⇨ 비교 91⑤

⑲ 임대차계약이 종료된 후 보증금이 반환되지 않은 상태에서 임차인이 목적물을 사용·수익하지 않고 점유만을 계속하고 있는 경우라면 목적물 인도 시까지의 관리비는 임대인이 부담하여야 한다. (대판21)

⑳ 임차인이 임대차 종료 후 동시이행항변권을 근거로 주택을 계속 점유하는 경우, 보증금 반환채권의 소멸시효는 진행하지 않는다. (보증금반환채권을 행사하는 것으로 볼 수 있으므로. 대판20) ⇨ 비교 90⑭

85. 임차인의 비용상환청구권, 지상물매수청구권, 부속물매수청구권

① 임차인이 임차물에 지출한 필요비는 지출 즉시, 유익비는 임대차 종료 시에 그 상환을 청구할 수 있다.

② 임차인의 비용상환청구권은 임대인이 목적물을 반환받은 날로부터 6개월 내에 행사 하여야 한다. (임대차가 종료한 날로부터×)

③ 임대인이 임차인에게 필요비상환의무를 이행하지 않는 경우, 임차인은 지출한 필요비 금액의 한도에서 차임의 지급을 거절할 수 있다. (임대인의 필요비상환의무는 임차인의 차임지급의무와 서로 대응하는 관계에 있으므로. 대판19)

④ 임차인은 비용상환청구권에 기하여 임차물을 유치할 수 있다.

⑤ 건물임대차에서 임대차 종료 시 임차인이 건물을 원상복구하여 명도하기로 한 약정은 임차인이 건물에 지출한 각종 비용에 대한 상환청구권을 미리 포기하기로 한 취지의 특약으로 특별한 사정이 없는 한 유효하다. (비용상환청구권에 관한 규정은 임의규정이므로 임차인은 이를 포기할 수 있다.)

⑥ 건물임차인이 자신의 비용으로 증축한 부분을 임대인의 소유로 귀속시키기로 한 약정 은 비용상환청구권을 포기하는 약정으로 유효하다.
....
⑦ 임차인의 채무불이행을 이유로 임대차계약이 해지된 경우에는 토지임차인의 건물 매수청구권이 인정되지 않는다.

⑧ 기간의 정함이 없는 토지임대차가 임대인의 해지통고로 종료된 경우 건물매수청구권 이 인정된다. (이 경우는 계약갱신청구 없이 곧바로 건물매수청구를 할 수 있다.)

⑨ 지상물매수청구권은 재판상으로뿐만 아니라 재판 외에서도 행사할 수 있고, 그 행사의 시기에도 제한이 없다.

⑩ 무허가·미등기 건물도 매수청구의 대상이 된다.

⑪ 임차인이 임차지 위에 건립한 건물을 타인에게 양도하였다면 건물의 소유자가 아니어서 매수청구권을 행사할 수 없다.

⑫ 종전 임차인으로부터 미등기 · 무허가 건물을 매수하여 점유하고 있는 토지임차인은 소유자로서 등기명의가 없어 소유권을 취득하지 못했더라도 건물매수청구권을 행사할 수 있다. (그 건물에 대한 법률상 · 사실상의 처분권을 가지므로)

⑬ 토지소유자가 아닌 제3자가 토지를 임대한 경우, 토지소유자가 아닌 임대인은 지상물 매수청구권의 상대방이 될 수 없고, 임대인이 아닌 토지소유자도 지상물매수청구권의 상대방이 될 수 없다. (원칙적으로 지상물매수청구권 행사의 주체는 임차권소멸 당시의 건물소유자인 임차인이고, 상대방은 임차권소멸 당시의 토지소유자인 임대인이다.)

⑭ 대항력을 갖춘 임차인은 토지의 신 소유자에 대하여도 건물매수청구권을 행사할 수 있다. (가령 임차인이 임차지상의 건물을 자신의 명의로 등기한 경우)

⑮ 지상물매수청구권이 행사되면 임대인은 매수청구권 행사 당시의 시가를 매매대금으로 지급할 의무를 부담한다. (임차인이 건물을 신축하기 위하여 지출한 모든 비용(가령 철거비용 + 신축비용)을 보상할 의무를 부담하는 것은 아니다.)

⑯ 근저당권이 설정된 건물에 대해 매수청구권을 행사한 경우, 그 매수가격은 매수청구권 행사 당시의 시가 상당액인 것이지 여기에서 근저당권의 피담보채무액을 공제한 금액이 아니다. (토지소유자는 민법 제588조에 의하여 근저당권이 말소될 때까지 그 채권최고액에 상당한 대금의 지급을 거절할 수 있을 뿐이다.)

⑰ 토지임차인이 건물매수청구권을 행사한 경우, 임대인으로부터 매매대금을 지급받을 때까지 건물의 인도를 거부할 수 있지만, 그 건물의 점유 · 사용을 통하여 그 부지를 계속 점유 · 사용하는 한 부지의 임료 상당액을 부당이득으로 반환하여야 한다.

⑱ 임자토지가 석법하게 선대된 경우, 전차인은 임대인에게 직접 지싱물매수칭구권을 행사할 수 있다. (전 전대차와 동일조건으로 임대청구 → 임대인 거절 → 지상물매수청구)

⑲ 임대차기간 만료 시 임차인이 지상건물을 철거하기로 하는 약정은 특별한 사정이 없는 한 무효이다. (편면적 강행규정)

----

⑳ 부속물매수청구권을 행사하려면 임대차가 종료하여야 한다.

㉑ 임차인의 채무불이행을 이유로 임대차계약이 해지된 경우에는 부속물매수청구권이 인정되지 않는다.

㉒ 임차인의 특수목적에 사용하기 위해 부속된 것은 부속물매수청구의 대상이 될 수 없다. (매수청구의 대상이 되는 부속물은 건물의 사용에 객관적인 편익을 가져오는 물건이어야 한다.)

㉓ 임차건물이 적법하게 전대된 경우, 전차인은 임대인에게 직접 부속물매수청구권을 행사할 수 있다. (1. 임대인의 동의를 얻어서 부속한 물건, 2. 임대인으로부터 매수하여 부속한 물건, 3. 임대인의 동의를 얻어 임차인으로부터 매수하여 부속한 물건)

㉔ 부속물매수청구권을 배제하는 특약은 무효이다. (편면적 강행규정)

86. **무단전대** 甲 소유의 건물을 임차한 乙은 甲의 동의 없이 그 건물을 丙에게 전대하였다.

① 甲의 동의가 없는 경우에도 전대차계약은 乙과 丙 사이에서는 유효하다. (임대인의 동의는 임차권양도나 임차물전대의 효력발생요건이 아니라 임대인에 대한 대항요건에 불과하다.)

② 丙은 乙에 대한 권리로 甲에게 대항하지 못한다.

③ 甲은 丙에 대하여 불법점유를 이유로 방해의 배제를 청구할 수 있다.

④ 甲은 乙과의 임대차계약이 존속하는 동안에는 丙에 대하여 불법점유를 이유로 손해배상이나 부당이득반환을 청구할 수 없다. (甲은 여전히 乙에 대한 차임지급청구권을 가지므로 무단전대 자체만으로는 甲에게 손해가 생기지 않는다.)

⑤ 甲이 乙의 무단전대를 이유로 임대차계약을 해지하지 않는 한 甲, 乙 간의 임대차계약은 유효하게 존속한다.

⑥ 乙의 무단전대가 甲에 대한 배신행위라고 볼 수 없는 특별한 사정이 있는 때에는 甲에게 해지권이 발생하지 않는다. (가령 동거하는 부부 사이의 임차권양도 사례)

87. **적법전대** 甲 소유의 건물을 임차한 乙은 甲의 동의를 얻어 그 건물을 丙에게 전대하였다.

① 丙은 직접 甲에 대하여 임차인으로서의 의무를 부담한다. (임차인으로서의 권리는 갖지 못한다.)

② 丙은 乙에 대한 차임의 지급으로써 甲에게 대항하지 못한다. (전차인은 임대인에 대하여 차임의 이중지급책임을 진다.)

③ 丙이 乙에게 전대차계약상의 차임지급시기 이전에 차임을 지급한 경우, 丙은 乙에 대한 차임의 지급으로써 甲에게 대항하지 못하고 이중지급책임을 진다. (전대차계약상의 차임지급시기 이후에 차임을 지급한 경우에는 임대인에게 대항할 수 있으므로 이중지급책임을 지지 않는다.)

④ 丙은 전대차계약으로 乙에 대하여 부담하는 의무 이상으로 甲에게 의무를 지지 않고 동시에 임대차계약으로 乙이 甲에 대하여 부담하는 의무 이상으로 甲에게 의무를 지지 않는다. (대판18)

⑤ 乙과 丙은 전대차계약의 내용을 변경할 수 있고, 특별한 사정이 없는 한 丙은 변경된 전대차계약의 내용을 甲에게 주장할 수 있다. (乙과 丙이 전대차계약상의 차임을 감액한 경우도 마찬가지이다. 대판18).

⑥ 임대차와 전대차의 기간이 모두 만료된 경우, 丙이 甲에게 직접 건물을 명도하였다면 乙에 대한 명도의무를 면한다.

⑦ 甲과 乙의 합의로 임대차계약을 종료하더라도(가령 합의해지) 丙의 권리는 소멸하지 않는다. (전차인 권리의 확정. 제631조)

⑧ 임대차기간의 만료나 乙의 채무불이행을 이유로 甲이 임대차계약을 해지하여 임차권이 소멸한 경우에는 丙의 전차권도 함께 소멸한다.

⑨ 기간의 약정이 없는 甲, 乙 간의 임대차계약이 해지통고로 인해 종료되는 경우, 甲은 丙에게 그 사유를 통지하지 않으면 해지로써 丙에게 대항하지 못한다.

⑩ 甲이 乙의 차임 연체를 이유로 임대차계약을 해지하는 경우에는 丙에게 그 사유를 통지하지 않더라도 해지로써 丙에게 대항할 수 있다.

⑪ 丙은 甲에 대하여 직접 부속물매수청구권을 행사할 수 있다. (매수청구의 대상이 되는 부속물은 1. 임대인의 동의를 얻어서 부속한 물건, 2. 임대인으로부터 매수하여 부속한 물건, 3. 임대인의 동의를 얻어 임차인으로부터 매수하여 부속한 물건 중 하나이어야 하고, 임차인의 동의만 얻어 부속한 물건은 매수청구의 대상이 될 수 없다.)

Never ever give up!
절대로 포기하지 마세요!

민사특별법

88. 주택임대차보호법

① 주택의 소유자는 아니지만 적법한 임대권한을 가진 사람과 임대차계약을 체결한 경우에는 이 법이 적용된다. (가령 분양회사로부터 열쇠를 교부받은 수분양자가 임대한 경우)

② 임대차계약의 주된 목적이 주택의 사용·수익이 아니라 채권의 회수에 있는 경우에는 이 법의 보호를 받을 수 없다. (가장임대차로서 계약 자체가 무효이다.)

③ 주택임차인이 법인인 경우에는 임차주택의 양수인은 임대인의 지위를 당연히 승계하지 않는다. (따라서 임대인의 법인에 대한 보증금반환채무는 소멸하지 않는다. 대판24)

④ 임차인은 계약갱신요구권을 1회에 한하여 행사할 수 있다.

⑤ 주택임대인의 지위를 승계한 임차주택의 양수인도 그 주택에 실제 거주하려는 경우, 임차인의 계약갱신요구를 거절할 수 있다. (대판22)

⑥ 임대인이 주택에 '실제 거주하려는 의사의 존재'에 대한 증명책임은 임대인에게 있다. (대판23)

⑦ 임차인이 계약갱신을 요구하면 임대인에게 갱신요구가 도달한 때 갱신의 효력이 발생한다. (따라서 임차인은 갱신된 임대차기간이 개시되기 전에도 해지통지를 할 수 있다. 대판24)

⑧ 임차인의 계약갱신요구에 의해 갱신되는 경우, 존속기간은 2년으로 본다.

⑨ ⑧에서 임차인은 언제든지 계약해지를 통지할 수 있고, 임대인이 통지를 받은 날부터 3개월이 지나면 해지의 효력이 생긴다. (임대인에게는 이러한 해지권이 인정되지 않는다.)

⑩ 임차인의 계약갱신요구에 의해 갱신되는 경우, 차임과 보증금은 1/20의 금액을 초과하지 않는 범위에서 증액할 수 있다.

⑪ 임차인이 사망한 때 그 주택에서 가정공동생활을 하던 사실혼 배우자와 가정공동생활을 하지 않던 2촌 이내의 친족은 임차인의 권리와 의무를 공동으로 승계한다.

⑫ 주택임차권의 승계대상자는 임차인이 사망한 후 1개월 이내에 반대의사를 표시하여 승계를 거부할 수 있다.

89. 주택임차권의 대항력

① 주택임차권의 대항요건인 주택의 인도는 임차인이 주택을 간접점유하는 경우에도 인정된다. (단, 주민등록은 직접점유자(전차인)의 것을 요한다.)

② 임차인이 주택을 인도받고 전입신고를 마친 날 저당권이 설정되었다가 후에 실행되는 경우, 임차인은 경락인에게 임차권으로 대항할 수 없다. (임차권의 대항력은 인도와 주민등록을 갖춘 다음 날에 발생하므로, 이 경우 임차권은 저당권보다 후순위가 된다.)

③ 입주와 주민등록을 마친 주택의 소유자가 주택을 매도하고 다시 임차한 경우, 임차권의 대항력은 매수인 명의의 소유권이전등기가 경료된 다음 날부터 발생한다. (매수인 명의의 소유권이전등기가 경료되기 전에는 그 주민등록은 임차권의 공시방법이 될 수 없으므로)

④ A회사 소유 임대아파트의 임차인인 甲으로부터 다시 그 아파트를 임차하여 전입신고를 마치고 거주하던 乙은 甲이 그 아파트를 분양받아 소유권이전등기를 경료하는 즉시 임차권의 대항력을 취득한다. (乙의 주민등록은 처음부터 임대차를 공시하는 기능을 수행하고 있었으므로, 이 경우는 甲이 소유권을 취득한 다음 날이 아닌 즉시 乙이 임차권의 대항력을 취득한다.)

⑤ 대항력을 갖춘 임차인의 보증금반환채권이 가압류된 상태에서 주택이 양도된 경우, 가압류채권자는 양수인에 대하여만 가압류의 효력을 주장할 수 있다. (양수인은 채권 가압류의 제3채무자의 지위를 승계한다.)

⑥ 임차인의 주민등록이 임차인의 의사에 의하지 않고 제3자에 의해 임의로 이전된 경우에는 임차권의 대항력이 소멸하지 않는다.

⑦ 주민등록 직권말소 후 주민등록법 소정의 이의절차에 의해 재등록이 이루어진 경우, 대항력은 소급해서 유지된다. (따라서 재등록 전에 이해관계를 맺은 선의의 제3자에게도 임차권으로 대항할 수 있다.)

⑧ 주택에 대한 저당권설정등기 이전에 대항력을 갖춘 임차인이 저당권설정등기 이후에 임대인과의 합의로 보증금을 증액한 경우, 증액부분에 관하여는 경락인에게 대항할 수 없다. (증액부분까지 경락인에게 대항하면 저당권자를 해하는 결과가 되기 때문이다.)

⑨ 저당권이 설정된 주택을 임차하여 대항력을 갖춘 임차인은 후순위 저당권이 실행되더라도 경락인에게 대항할 수 없다. (중간임차권은 언제나 경매로 인해 소멸한다.)

⑩ 매도인이 악의인 계약명의신탁의 명의수탁자로부터 명의신탁의 목적물인 주택을 임차하여 대항요건을 갖춘 임차인은 등기명의를 회복한 매도인 및 그로부터 다시 소유권이전등기를 마친 명의신탁자에 대하여 자신의 임차권으로 대항할 수 있다. (따라서 명의신탁자는 임대인의 지위를 승계한다. 대판22)

⑪ 보증금이 전액 변제되지 않은 대항력이 있는 임차권은 경매로 인해 소멸하지 않는다. (대항력이 없는 임차권은 보증금이 전액 변제되지 않은 경우에도 당연히 소멸한다.)

⑫ ⑪에서 임차인은 그 잔액에 관하여 경락인에게 대항하여 임대차의 존속을 주장할 수 있으나, 제2경매절차에서 우선변제에 의한 배당을 받을 수는 없다. (우선변제권은 경매로 인해 소멸하는 것이므로)

⑬ 주택임차인이 그 지위를 강화하고자 별도로 전세권설정등기를 마쳤더라도 그 후 주택임대차보호법상의 대항요건을 상실하면 이미 취득한 임차권의 대항력 및 우선변제권을 상실한다. (주택임차인으로서의 우선변제권과 전세권자로서의 우선변제권은 별개의 것이다.)

90. 보증금의 회수

① 우선변제권이 인정되기 위하여 대항요건과 확정일자를 갖추는 것 외에 계약 당시 보증금이 전액 지급되어 있을 것을 요하지 않는다. (일부는 나중에 지급하더라도 대항요건과 확정일자를 갖춘 때를 기준으로 보증금 전액에 대한 우선변제권을 갖는다. 대판17)

② 주택임차인(보증금 2억 원)의 입주 및 전입신고, 확정일자 구비와 저당권설정등기가 모두 같은 날에 이루어졌다면 저당권자가 주택임차인보다 선순위로 배당을 받는다. (확정일자를 입주 및 주민등록과 같은 날 또는 그 이전에 갖춘 경우, 우선변제권은 인도와 주민등록을 마친 다음 날을 기준으로 발생하기 때문)

③ 대항요건과 확정일자를 갖춘 임차인이라도 선순위 가압류채권자보다 우선하여 변제받을 권리는 없다. (동순위로 안분배당을 받는다.)

④ 임차인은 임차주택뿐만 아니라 그 대지의 환가대금으로부터 보증금을 우선변제받을 수 있다. (임대차 성립 당시 임대인 소유였던 대지가 타인에게 양도된 후 경매된 경우에도 마찬가지이다. 임차인의 우선변제권은 법정담보물권의 성격을 갖기 때문이다.)

⑤ 금융기관이 우선변제권을 취득한 임차인의 보증금반환채권을 양수한 경우에는 양수한 금액의 범위에서 우선변제권을 승계한다. (단, 이 경우 금융기관은 우선변제권을 행사하기 위하여 임차인을 대리하거나 대위하여 임대차를 해지할 수 없다.)

⑥ 임차인이 보증금 중 일정액을 다른 담보물권자보다 우선하여 변제받기 위해서는 주택에 대한 경매신청등기 전에 대항요건을 갖추어야 한다. (확정일자는 요건이 아니다.)

- -

⑦ 소액임차인 및 소액보증금의 범위는 주택에 대하여 담보물권을 취득한 때를 기준으로 정하여야 한다. (임차인이 대항요건을 구비한 때를 기준으로 하는 것이 아니다.)

⑧ 보증금의 감액으로 소액임차인에 해당하게 된 경우에도 최우선변제를 받을 수 있다.

⑨ 미등기주택의 임차인도 대지의 환가대금으로부터 보증금 중 일정액에 대한 우선변제를 받을 수 있다. (단, 대지에 저당권이 설정될 당시에 주택이 존재하고 있었어야 한다.)

⑩ 나대지에 저당권이 설정된 후에 그 토지 위에 신축된 주택을 임차한 임차인은 대지의 경매대금에서는 보증금 중 일정액에 대한 우선변제를 받을 수 없다.

- -

⑪ 임차인이 대항력이 소멸된 이후에 임차권등기를 마친 경우, 그때부터 새로운 대항력이 발생한다. (소멸하였던 대항력이 소급하여 회복되는 것이 아니다. 대판25)

⑫ 임차권등기명령에 의해 임차권등기를 한 임차인은 배당요구를 하지 않아도 당연히 배당받을 채권자에 속한다.

⑬ 임차권등기명령에 의한 임차권등기가 경료된 주택을 그 이후에 임차한 자는 보증금 중 일정액에 대한 우선변제를 받을 권리가 없다.

⑭ 임차권등기명령에 의한 임차권등기에는 보증금반환채권의 소멸시효를 중단시키는 효력이 없다. (대판19)

91. 상가건물 임대차보호법

① 보증금의 규모에 관계없이 적용되는 규정 : 대 · 갱 · 3 · 권 · 폐
  (1) 대항력 (2) 계약갱신요구권 (3) 3기 차임 연체 시 계약해지 (4) 권리금회수기회 보호
  (5) 집합제한조치로 인한 폐업 시 계약해지 (반면 우선변제권, 최단기간 보장, 묵시적 갱신,
  임차권등기명령에 관한 규정은 환산보증금액이 일정액 이하인 경우에만 적용된다.)

② 대통령령으로 정한 보증금액을 초과하는 임대차에서 기간을 정하지 않은 경우, 임차인
  의 계약갱신요구권은 발생할 여지가 없다. (계약갱신요구권은 임대차기간이 정해져 있음을
  전제로 기간만료 6개월 전부터 1개월 전까지 사이에 행사하도록 규정되어 있으므로. 대판21)

③ 상가건물을 전대한 경우, 임차인이 대항력 및 우선변제권을 유지하기 위해서는 전차인
  이 그 명의로 사업자등록을 하여야 한다.

④ 상속에 의해 임차건물의 소유권을 취득한 자도 임대인의 지위를 승계하는 동법 제3조
  제2항의 임차건물의 양수인에 해당한다. (대판21)

⑤ 임차인이 임대차 종료 이후에 보증금을 반환받기 전에 임차목적물을 점유하고 있는
  경우, 임차인은 시가에 따른 차임 상당의 부당이득반환의무를 부담하지 않는다. (임대차
  기간이 끝난 후에도 보증금을 반환받을 때까지는 임대차관계가 존속하는 것으로 의제되므로,
  종전 임대차계약에서 정한 차임을 지급할 의무를 부담할 뿐이다. 대판23)

⑥ 임대인이 임차인의 계약갱신요구를 거절할 수 있기 위해서 반드시 임차인이 계약갱신
  요구권을 행사할 당시에 3기분의 차임이 연체되어 있어야 하는 것은 아니다. (임대차
  기간 중 어느 때라도 3기분에 달하도록 차임이 연체된 사실이 있다면 임차인과의 계약관계 연장을
  받아들여야 할 만큼의 신뢰가 깨어졌으므로 임대인은 계약갱신요구를 거절할 수 있다. 대판21)

⑦ 임차인의 경미한 과실로 임차건물의 일부가 파손된 경우, 임대인은 임차인의 계약갱신
  요구를 거절할 수 없다. (임차인이 고의나 중대한 과실로 파손한 경우에만 거절할 수 있다.)

⑧ 임차인의 계약갱신요구권 행사에 의해 갱신되는 기간 중에도 임대인은 법령상의 범위
  (5/100, 1년)에서 차임이나 보증금을 증액할 수 있다.

⑨ 임대인의 동의를 받고 전대차계약을 체결한 전차인은 임차인을 대위하여 임대인에
  대하여 계약갱신요구권을 행사할 수 있다.

⑩ 임대차의 묵시적 갱신(=법정갱신)은 10년을 초과하는 경우에도 인정된다.

⑪ 묵시적 갱신의 경우, 존속기간은 1년으로 본다. (전 임대차와 동일×)

⑫ 임대차계약이 묵시적으로 갱신된 경우, 임차인은 언제든지 계약해지를 통고할 수 있다.
  (해지통고는 3개월 후에 효력이 발생하고, 임대인은 이러한 해지통고를 할 수 없다.)

⑬ 임차인이 임대차기간 만료 1개월 전부터 만료일 사이에 갱신거절의 통지를 한 경우
  임대차계약은 묵시적 갱신이 되지 않고 임대차기간의 만료일에 종료한다. (대판24)

⑭ 임대인은 임대차기간이 끝나기 6개월 전부터 임대차 종료 시까지 임차인이 권리금계약
  에 따라 신규임차인이 되려는 자로부터 권리금을 지급받는 것을 방해해서는 안 된다.

⑮ 전체 임대차기간이 10년을 초과하여 임차인이 계약갱신요구권을 행사할 수 없는 경우에도 임대인은 권리금회수기회 보호의무를 부담한다. (대판20)

⑯ 임대인이 임대차 종료 후 상가건물을 1년 6개월 이상 영리목적으로 사용하지 아니하는 경우, 임대인은 임차인이 주선한 신규임차인이 되려는 자와의 계약체결을 거절할 수 있다. (상가건물의 소유권이 변동된 경우에는 종전 소유자인 임대인과 새로운 소유자의 비영리 사용기간을 합쳐서 1년 6개월 이상이 되어야 갱신거절의 정당한 사유가 인정된다. 대판22)

⑰ 임대인은 스스로 영업할 계획이라는 이유만으로는 임차인이 주선한 신규임차인과의 계약체결을 거절할 수 없다. (대판20)

⑱ 권리금회수 방해를 이유로 한 임대인의 손해배상책임을 인정하기 위하여 반드시 임차인과 신규임차인이 되려는 자 사이에 권리금계약이 미리 체결되어 있어야 하는 것은 아니다. (대판19)

⑲ 권리금회수 방해로 인하여 임대인이 배상할 손해배상액은 신규임차인이 임차인에게 지급하기로 한 권리금과 임대차 종료 당시의 권리금 중 낮은 금액을 넘지 못한다.

⑳ 권리금회수 방해로 인한 임차인의 임대인에 대한 손해배상청구권의 소멸시효기간은 임대차가 종료한 날부터 3년이다. (방해가 있은 날로부터 3년×)

92. 집합건물의 소유 및 관리에 관한 법률

① 건축허가신청이나 분양계약 등을 통하여 구분의사가 객관적으로 표시되고(구분행위), 그에 상응하는 구분건물이 객관적·물리적으로 완성되면 아직 그 건물이 집합건축물대장에 등록되거나 구분건물로서 등기되지 않았더라도 구분소유가 성립한다. (대판13)

② 공유자는 그가 가지는 전유부분과 분리하여 공용부분에 대한 지분을 처분할 수 없다. (구분소유자 전원의 동의가 있는 경우에도 전유부분과의 분리처분이 금지된다. ⑬번과 비교)

③ 규약상 공용부분은 구조상 공용부분과는 달리 공용부분이라는 취지를 등기해야 한다.

④ 공용부분에 관한 물권의 득실변경은 등기를 요하지 않는다.

⑤ 각 구분소유자는 공용부분을 그 용도에 따라 사용할 수 있다. ('지분의 비율'로 사용×)

⑥ 공용부분의 변경은 구분소유자 및 의결권의 각 3분의 2 이상의 결의로써 결정한다. (단, 권리변동을 일으키는 경우에는 5분의 4 이상의 결의를 요한다.)

⑦ 구분소유자는 공용부분에 대한 보존행위를 단독으로 할 수 있다.

⑧ 구분소유자가 다른 구분소유자의 동의 없이 공용부분을 독점적으로 점유·사용하는 경우, 다른 구분소유자는 공용부분의 보존행위로서 그 인도를 청구할 수 없다.

⑨ 구분소유자 중 일부가 정당한 권원 없이 복도, 계단 등의 공용부분을 배타적으로 점유·사용한 경우, 그로 인해 얻은 이익을 다른 구분소유자들에게 부당이득으로 반환할 의무가 있다. (대판20 전합)

⑩ 등기가 되지 않은 채권적 토지사용권도 대지사용권이 될 수 있다. (대판23)

⑪ 구분소유자는 전유부분과 분리하여 대지사용권을 처분하지 못한다. (단, 구분소유가 성립하기 전에는 대지사용권의 분리처분금지 규정이 적용되지 않는다. 대판22)

⑫ 대지사용권의 분리처분은 법원의 강제경매절차에 의한 것이라도 무효이다.

⑬ 규약이나 공정증서로 달리 정한 경우에는 대지사용권을 전유부분과 분리하여 처분할 수 있다.

⑭ 각 구분소유자는 대지에 대한 공유지분의 비율에 관계없이 대지 전부를 용도에 따라 사용할 수 있다. ('지분의 비율'로 사용하는 것이 아니다.)

⑮ 대지 위에 구분소유권의 목적인 건물이 있는 경우, 대지의 공유자는 대지의 분할을 청구할 수 없다.

⑯ 구분소유자가 상속인 없이 사망한 경우 대지에 대한 그의 지분은 전유부분과 함께 국가에 귀속된다. (대지사용권에 대하여는 지분의 탄력성에 관한 민법 제267조가 적용되지 않는다.)

⑰ 관리단은 구분소유자 전원을 구성원으로 당연히 성립하는 단체이다. (전세권자나 임차인은 관리단의 구성원이 될 수 없다.)

⑱ 구분소유자가 10인 이상일 때에는 관리인을 선임하여야 한다. (선임할 수 있다×)

⑲ 관리인은 구분소유자일 필요가 없으며, 그 임기는 2년의 범위에서 규약으로 정한다.

⑳ 관리인은 관리단집회의 결의로 선임되거나 해임되지만, 규약으로 관리위원회의 결의로 선임되거나 해임되도록 정할 수 있다.

㉑ 관리인은 매년 1회 이상 구분소유자 및 그의 승낙을 받아 전유부분을 점유하는 자에게 사무에 관한 보고를 하여야 한다. (2023. 9. 29. 시행)

㉒ 규약의 설정·변경·폐지는 관리단집회에서 구분소유자 및 의결권의 각 4분의 3 이상의 찬성을 얻어서 한다. (구분소유자의 4분의 3 이상을 계산할 때에 한 사람이 집합건물 내에 수 개의 구분건물을 소유한 경우에는 1인의 구분소유자로 보아야 한다. 대판23)

㉓ 아파트의 특별승계인은 전 입주자의 공용부분 체납관리비를 승계한다는 관리규약은 유효하다. (단, 공용부분 관리비에 대한 연체료는 승계하지 않는다.)

㉔ 구분소유자의 승낙을 받아 전유부분을 점유하는 자(가령 임차인)는 공용부분의 관리에 관한 사항을 결의하기 위한 집회에 참석하여 구분소유자의 의결권을 행사할 수 있다. (공용부분 관리○, 공용부분 변경×)

㉕ 관리단집회에서 결의할 사항에 관하여 구분소유자 및 의결권의 각 4분의 3 이상이 서면이나 전자적 방법으로 합의하면 관리단집회를 소집하여 결의한 것으로 본다. (종래 5분의 4에서 4분의 3으로 변경되었다. 2023. 9. 29. 시행)

㉖ 집합건물의 분양자뿐만 아니라 시공자도 구분소유자에 대하여 담보책임을 진다.

㉗ 관리단은 하자담보추급권을 갖지 못한다. (하자담보추급권은 특별한 사정이 없는 한 집합건물의 수분양자 내지는 현재의 구분소유자에게 귀속하는 것이다.)

93. 가등기담보 등에 관한 법률

① 매매대금채권이나 공사대금채권을 담보하기 위한 가등기담보에는 이 법이 적용되지 않는다. (대여금반환채권의 담보목적일 때에만 적용된다.)

② 재산권이전예약 당시 선순위저당권이 설정되어 있는 경우에는 재산가액에서 그 피담보 채무액을 공제한 나머지 가액이 차용원리금 합산액을 초과하는 경우에만 이 법이 적용된다.

③ 담보계약을 체결하였지만 담보목적 부동산에 관하여 가등기나 소유권이전등기를 마치지 않은 경우에는 이 법이 적용되지 않는다. (담보권을 취득했다고 할 수 없으므로)

④ 가등기담보권의 사적 실행에 있어서 처분정산형의 담보권실행은 허용되지 않는다. (사적 실행으로는 귀속정산방식만 인정되고, 공적 실행으로 처분정산방식(경매)이 인정된다.)

⑤ 가등기담보권자가 채무자에게 실행통지를 했더라도 물상보증인에게 통지하지 않은 경우에는 담보목적 부동산의 소유권을 취득하지 못한다. (채무자, 물상보증인, 제3취득자 전원에게 통지하여야 한다.)

⑥ 청산금은 통지 당시의 부동산 가액에서 가등기담보권에 의해 담보된 채권액과 선순위 담보권(선순위 가압류 포함)에 의하여 담보된 채권액을 공제한 금액이다. (후순위 담보권의 피담보채권액은 공제하지 않는다.)

⑦ 적법한 청산절차를 거치지 않고 이루어진 담보가등기에 기한 본등기는 무효이지만, 선의의 제3자가 그 본등기에 터잡아 소유권이전등기를 마치면 담보목적 부동산의 소유권을 취득한다. (이때 무효인 채권자 명의의 본등기도 소급하여 확정적으로 유효로 된다. 대판21)

⑧ ⑦에서 제3자가 악의라는 사실에 관한 증명책임은 무효를 주장하는 자에게 있다.

⑨ 담보목적 부동산이 경매되는 경우, 가등기담보권자는 자기 채권의 우선변제를 받을 권리가 있다. (가등기담보권은 경매 시 저당권으로 간주된다.)

⑩ 집행법원이 정한 기간 안에 가등기담보권자가 채권신고를 하지 않으면 매각대금을 배당받을 권리를 상실한다.

⑪ 가등기담보권자가 경매절차에서 채권 전액을 변제받지 못한 경우에도 가등기담보권은 매각에 의하여 소멸한다. (가등기담보권은 경매 시 저당권으로 간주되므로)

⑫ 가등기담보권자가 담보목적 부동산의 경매를 청구하여 경매절차가 진행 중인 때에는 그 가등기에 따른 본등기를 청구할 수 없다. (대판22)

⑬ 채권담보의 목적으로 부동산을 양도한 경우, 그 부동산에 대한 사용·수익권(가령 임대권한)은 원칙적으로 양도담보권설정자에게 있다.

⑭ 채무자의 말소청구권은 변제기 도래 후 10년이 지나면 제척기간의 경과로 확정적으로 소멸하고, 양도담보권자는 확정적으로 소유권을 취득한다. (단, 이 경우에도 채권자는 채무자에게 청산금을 지급할 의무가 있다. 대판18)

⑮ 양도담보권자가 적법한 청산절차 없이 담보목적 부동산을 제3자에게 처분한 경우, 선의의 제3자는 소유권을 취득한다. (이 경우 채권자는 채무자에 대하여 불법행위로 인한 손해배상책임을 진다.)

⑯ 채무를 담보하기 위하여 채무자가 자기의 비용과 노력으로 신축하는 건물의 신축허가 명의를 채권자 명의로 한 경우, 완성될 건물을 양도담보로 제공하는 담보권설정의 합의가 있다고 볼 수 있다. (완성된 건물의 소유권은 이를 건축한 채무자가 원시적으로 취득하고, 채권자가 그 명의로 소유권보존등기를 함으로써 양도담보가 설정된 것으로 본다. 대판22)

94. 가등기담보권의 실행 乙은 甲에 대한 대여금채권을 담보하기 위해 甲 소유의 건물에 가등기를 경료하였고, 그 후 丙은 그 건물에 저당권을 취득하였다.

① 담보권실행통지 당시 청산금이 없는 경우에도 乙은 그 뜻을 통지하고 2개월이 지나야 가등기에 기한 본등기를 청구할 수 있다.

② 乙이 나름내로 평가한 청산금액이 객관적인 평가액에 미치지 못하는 경우에도 실행통지는 효력이 있다. (단, 甲은 정당하게 평가된 청산금을 지급받을 때까지 동시이행항변권을 행사하여 소유권이전등기 및 인도의무의 이행을 거절할 수 있다.)

③ 乙이 甲에게 실행통지를 하였다면 丙에게 통지를 하지 않은 경우에도 건물의 소유권을 취득할 수 있고, 甲은 이를 이유로 담보권의 실행을 거부할 수 없다. (乙이 丙에게 청산금의 이중지급책임을 질 뿐이다.)

④ 청산기간이 경과한 후에도 甲은 乙로부터 청산금을 변제받을 때까지는 이자 등이 포함된 채무액을 변제하고 가등기의 말소를 청구할 수 있다.

⑤ 丙은 자기 채권의 변제기가 도래하기 전이라도 청산기간 내에 한하여 건물의 경매를 청구할 수 있다.

⑥ 丙의 경매신청이 청산금지급 전에 행하여진 경우, 乙은 더 이상 가등기에 따른 본등기를 청구할 수 없다. (사적 실행절차는 중단되고, 공적 실행절차(=경매)로 넘어간다.)

95. 부동산 실권리자명의 등기에 관한 법률

① 소유권 이외의 부동산물권(가령 용익물권)의 명의신탁도 동법에 의해 금지된다.

② 탈법적인 목적이 없더라도 사실혼 배우자 간의 명의신탁은 무효이다.

③ 명의신탁약정 자체는 선량한 풍속 기타 사회질서에 위반하는 법률행위로 볼 수 없다. (무효인 명의신탁약정에 기한 명의수탁자 명의의 등기는 불법원인급여에 해당하지 않는다.)

④ 무효인 명의신탁에서 명의신탁자는 명의신탁약정의 해지를 원인으로 하는 소유권이전등기를 청구할 수 없다. (소유권에 기한 물권적 청구권의 행사로서 말소등기를 청구하거나 진정명의회복을 원인으로 하는 소유권이전등기를 청구할 수 있다.)

96. 유효한 명의신탁 甲종중은 자신의 X토지를 적법하게 종원 乙에게 명의신탁 하였다.

① 乙은 甲에 대해 X토지의 소유권을 주장할 수 없다. (대내적 관계에서 소유권은 명의신탁자인 甲에게 있다.)

② 甲은 명의신탁약정의 해지를 원인으로 하는 소유권이전등기를 청구할 수 있다.

③ 乙이 X토지 위에 건물을 지어 소유하던 중 명의신탁이 해지되어 X토지의 등기명의가 甲으로 환원된 경우, 乙은 관습법상의 법정지상권을 취득하지 못한다. (명의수탁자는 명의신탁자와의 대내적 관계에서 X토지가 자신의 소유였다고 주장할 수 없기 때문이다.)
....
④ 제3자가 X토지를 불법점유하는 경우, 甲은 소유권에 기하여 직접 방해배제를 청구할 수 없다. (甲은 乙을 대위하여 방해배제청구권을 행사할 수 있을 뿐이다.)

⑤ 乙이 丙에게 X토지를 매도하여 소유권이전등기를 경료한 경우, 丙은 선의·악의를 불문하고 소유권을 취득한다. (대외적 관계에서의 소유권은 명의수탁자인 乙에게 있으므로)

⑥ 乙로부터 X토지를 매수한 丙이 乙의 甲에 대한 배신행위에 적극가담한 경우, 乙과 丙 사이의 매매계약은 반사회질서의 법률행위로서 무효이다.

97. 3자간(중간생략형) 등기명의신탁 甲은 丙 소유의 X토지를 매수하면서 乙과 명의신탁약정을 맺고 丙에게 부탁하여 직접 乙 명의로 소유권이전등기를 하였다.

① 甲, 乙 간의 명의신탁약정과 乙 명의의 등기는 무효이다. (乙은 소유권을 취득하지 못하고, 丙이 여전히 X토지의 소유자이다.)

② 甲은 乙에 대하여 명의신탁해지를 원인으로 하는 소유권이전등기를 청구할 수 없다. (명의신탁약정이 무효이므로)

③ 甲은 乙에 대하여 부당이득반환을 원인으로 하는 소유권이전등기를 청구할 수 없다. (甲은 丙에 대한 소유권이전등기청구권을 보유하고 있어 손해를 입었다고 볼 수 없으므로)

④ 甲은 丙을 대위하여 乙 명의의 등기말소를 청구할 수 있다. (丙, 甲 간의 매매계약은 유효하므로, 甲은 丙에 대한 채권자로서 채권자대위권을 행사할 수 있다.)

⑤ 甲이 X토지를 인도받아 점유하고 있는 경우에는 甲의 丙에 대한 소유권이전등기청구권은 소멸시효가 진행하지 않는다. (권리 위에 잠든 것이 아니므로) ⇨ 33①

⑥ 乙이 자의로 甲에게 경료해 준 소유권이전등기는 실체관계에 부합하는 등기로서 유효하다. (甲은 소유권을 취득한다.)

⑦ 乙로부터 X토지를 전득한 丁은 선의·악의에 관계없이 소유권을 취득한다. (법 제4조 제3항)

⑧ ⑦에서 X토지를 자기 마음대로 처분한 乙은 형법상 횡령죄의 성립 여부와 관계없이 甲에 대해 불법행위책임을 부담한다. (민사책임과 형사책임은 서로 다른 원리가 적용되므로 별개의 관점에서 검토해야 한다. 대판22)

⑨ 乙이 戊에게 X토지에 관한 근저당권을 설정해 준 경우, 戊는 선의·악의에 관계없이 유효하게 근저당권을 취득한다. (법 제4조 제3항. 대판21 전합)

⑩ ⑨에서 甲은 직접 乙에게 근저당권의 피담보채무액 상당의 부당이득반환을 청구할 수 있다. (甲은 피담보채무액만큼 교환가치가 제한된 소유권을 취득하는 손해를 입고, 丙은 근저당권이 설정된 상태의 소유권을 甲에게 이전하면 되므로 실질적인 손실을 입지 않는다.)

98. **계약명의신탁** 丙 소유의 X토지를 취득하고자 하는 甲은 乙과 명의신탁약정을 맺고 乙에게 매수자금을 주면서 丙과 매매계약을 체결하도록 하였다. 乙은 이러한 사실을 모르는 丙과 매매계약을 체결하고 소유권이전등기를 경료받았다.

① 甲, 乙 간의 명의신탁약정은 丙의 선의·악의에 관계없이 무효이다.

② 丙, 乙 간의 매매계약과 乙 명의의 등기는 유효하다.

③ 丙이 매매계약 체결 이후 명의신탁사실을 알게 되더라도 매매계약과 등기의 효력에는 영향이 없다. (丙, 乙 간의 매매계약과 등기의 효력은 매매계약을 체결할 당시 丙의 인식을 기준으로 판단한다.)

④ 乙은 甲으로부터 제공받은 매수자금을 부당이득으로 반환하여야 한다. (乙이 취득세, 등록세 등을 甲으로부터 제공받았다면 이러한 자금 역시 甲에게 부당이득으로 반환해야 한다.)

⑤ X토지를 점유하고 있는 甲은 乙의 소유물반환청구에 대하여 매수자금반환청구권에 기하여 유치권을 행사할 수 없다. (견련성이 없으므로)

⑥ 甲의 지시에 따라 乙이 X토지를 타인에게 처분하여 그 처분대금을 甲에게 반환하기로 한 약정 역시 무효이다. (무효인 명의신탁약정을 전제로 한 것이므로)

⑦ 乙이 완전한 소유권취득을 전제로 사후적으로 甲과 매수자금반환의무의 이행에 갈음하여 X토지를 양도하기로 약정하고 甲 앞으로 소유권이전등기를 마쳐준 경우, 그 등기는 유효하다. (그 등기는 새로운 소유권이전의 원인인 대물급부약정에 기한 것이므로)

⑧ 만일 丙이 甲, 乙 간의 명의신탁약정에 대해 악의라면 乙은 X토지의 소유권을 취득하지 못한다. (법 제4조 제2항 단서)

⑨ ⑧에서 乙이 X토지를 제3자에게 처분하면 이는 丙의 소유권을 침해하는 행위로서 불법행위가 된다. (단, 제3자는 법 제4조 제3항에 의해 선의·악의를 불문하고 X토지의 소유권을 취득한다.)

⑩ ⑨에서 丙이 乙로부터 매매대금을 수령한 상태라면 丙은 乙을 상대로 불법행위로 인한 손해배상을 청구할 수 없다. (丙은 소유명의를 회복하기 전까지는 乙에 대하여 동시이행관계에 있는 매매대금반환채무의 이행을 거절할 수 있으므로 손해가 생기지 않는다.)

⑪ 乙이 경매절차에서 丙 소유의 X토지를 낙찰받은 것이라면 丙이 명의신탁사실을 알고 있었거나 丙이 명의신탁자와 동일인인 경우에도 乙은 유효하게 X토지의 소유권을 취득한다. (丙은 경매절차에서 매수인의 결정과정에 아무런 관여를 할 수 없으므로)

그것을 생각할 때 기쁨과 사랑이 앞선다면
그것은 이루어질 것이고
그것을 생각할 때 걱정과 불안이 앞선다면
그것은 이루어지지 않을 것입니다.

불안감이 찾아올 때마다
그 불안감을 미래로 포장하지 마시고
지금 현재로 얼른 돌아오시기 바랍니다.

삶은 지금 여기에 있습니다.

You can do it!

2025. 7. 9.
서 석진

36회 공인중개사 시험 대비

민법 족집게 100선

- 다수지문형 문제 -

【효능 · 효과】

✓ 5지선다형 문제보다 많은 논점 정리

✓ 문제풀이와 이론정리의 효과를 한 번에

【용법 · 용량】

✓ 옳은 지문은 파란색, 틀린 지문은 빨간색으로 표시한 후

   … 키워드나 중요부분에만 최소한으로 표시

✓ 표시한 부분 위주로 빠른 속도로 반복하여 읽는다.

1. 권리의 변동에 관한 설명으로 옳은 것은?

① 취득시효, 무주물선점, 공용징수, 상속, 경매로 인한 권리취득은 원시취득이다.

② 채권자가 채무자 소유의 부동산에 저당권을 취득하는 것은 권리의 이전적 승계이다.

③ 선순위 저당권이 소멸되어 후순위 저당권의 순위가 승진하는 것은 권리의 작용의 변경이다.

④ 부동산임차권을 등기함으로써 대항력을 취득하는 것은 권리의 내용의 변경이다.

⑤ 건물의 소유자가 건물을 매도하여 소유권을 상실하는 것은 권리의 상대적 소멸이다.

2. 법률행위의 종류에 관한 설명으로 틀린 것은?

① 합의해제는 계약이다.

② 매매의 일방예약은 단독행위이다.

③ 유증, 재단법인 설립행위, 공유지분의 포기는 상대방 없는 단독행위이다.

④ 무효행위의 추인은 단독행위이다.

⑤ 매매, 교환, 임대차는 무권리자가 하더라도 유효하다.

⑥ 저당권설정행위는 처분행위이므로 처분의 권리 또는 권한을 가진 자만이 할 수 있다.

⑦ 토지의 소유자가 아닌 자라도 향후 해당 토지에 지상권을 설정하여 줄 것을 내용으로 하는 계약을 체결할 수 있다.

⑧ 채권양도는 준물권행위로서 처분행위에 속한다.

⑨ 대리권수여행위는 상대방 있는 단독행위, 불요식행위이다.

3. 법률행위의 목적에 관한 설명으로 옳은 것은?

① 법률행위가 유효하기 위해서는 법률행위 성립 당시에 그 목적이 확정되어 있어야 한다.

② 매매계약이 체결된 후에 매매목적물인 건물이 전소된 경우, 그 매매계약은 무효이다.

③ 강행법규를 위반하여 무효로 된 법률행위는 추인에 의하여 유효로 될 수 없다.

④ 강행법규에 위반되어 무효인 법률행위에 대해서도 비진의표시나 표현대리의 법리가 적용될 수 있다.

⑤ 강행법규에 위반되어 무효임을 알면서도 법률행위를 한 자가 스스로 그 무효를 주장하는 것은 신의칙에 반하여 허용되지 않는다.

4. 甲과 乙은 2025년 8월 1일 甲 소유의 건물에 대한 매매계약을 체결하고 8월 31일 소유권을 이전하기로 하였는데, 8월 20일 발생한 화재로 건물이 소실되었다. 다음 기술 중 틀린 것은?

① 그 화재가 甲의 고의나 과실로 인한 것이라면 乙은 매매계약을 최고 없이 해제하고 甲에게 지급한 대금의 반환을 청구할 수 있다.

② ①에서 乙이 甲의 채무불이행을 이유로 계약을 해제한 이상, 乙은 같은 사유로 다시 甲에게 손해배상을 청구할 수 없다.

③ 그 화재가 이웃의 실화로 인한 것이라면 甲의 소유권이전의무와 乙의 대금지급의무는 모두 소멸한다.

④ 만약 화재로 인한 건물소실이 2025년 8월 25일에 일어났다면 위 매매계약은 처음 체결된 때부터 무효이다.

⑤ ④에서 甲이 계약 당시 건물의 소실을 알았거나 알 수 있었다면 甲은 그 사실을 과실 없이 알지 못한 乙이 계약의 유효를 믿었음으로 인하여 입은 손해를 배상하여야 한다.

5. 강행법규 위반으로 무효인 법률행위는?

① 공인중개사 자격이 없는 자가 중개사무소 개설등록을 하지 않은 채 부동산중개업을 하면서 체결한 중개보수약정

② 공인중개사 자격이 없는 자가 우연히 1회성으로 행한 중개행위에 대한 수수료약정

③ 법정한도액을 초과하는 중개보수약정

④ 개업공인중개사가 중개의뢰인과 한 직접 거래

⑤ 양도소득세 회피 및 투기 목적으로 체결한 미등기전매계약

⑥ 부동산을 순차매도한 당사자 사이의 중간생략등기의 합의

⑦ 토지거래허가를 배제 · 잠탈할 의도로 체결한 토지매매계약

⑧ 증여에 의하여 취득한 부동산을 매매를 원인으로 소유권이전등기를 경료한 행위

⑨ 국유재산사무에 종사하는 직원이 타인의 명의로 국유재산을 취득하는 행위

⑩ 주택법의 전매행위 제한을 위반한 전매약정

6. 반사회질서의 법률행위에 관한 설명으로 옳은 것은?

① 어느 법률행위가 선량한 풍속 기타 사회질서에 위반되어 무효인지는 법률행위가 이루어진 때, 즉 법률행위 시를 기준으로 판단하여야 한다.

② 법률행위의 동기나 수단이 선량한 풍속 기타 사회질서에 위반한 경우, 그 법률행위는 반사회질서의 법률행위로서 무효가 된다.

③ 상대방에게 표시되거나 알려진 법률행위의 동기가 사회질서에 반하는 경우도 반사회질서의 법률행위에 포함된다.

④ 반사회질서의 법률행위의 무효는 선의의 제3자에게 대항하지 못한다.

⑤ 반사회질서의 법률행위도 당사자가 무효인 줄 알고 추인하면 새로운 법률행위로서 유효하게 된다.

⑥ 부첩관계의 대가로 부동산을 증여받은 첩으로부터 그 사실을 알고 전득한 자는 부동산의 소유권을 취득하지 못한다.

7. 반사회질서의 법률행위로서 무효인 것은?

① 증언을 하는 대가로 통상적으로 용인될 수 있는 수준을 넘는 대가를 받기로 한 약정

② 수사기관에서 참고인으로서 허위진술을 하는 대가로 금전을 지급하기로 하는 약정

③ 형사사건에서의 변호사의 성공보수약정

④ 변호사 아닌 자가 민사소송의 당사자를 승소시켜 주고 소송물의 일부를 양도받기로 한 약정

⑤ 국가기관의 위헌적인 공권력 행사(=강박)에 외포(畏怖)되어 체결한 증여계약

⑥ 다수의 보험계약을 통하여 보험금을 부정취득할 목적으로 체결한 보험계약

⑦ 과도하게 무거운 위약벌 약정

⑧ 제2임차인이 임대인의 배임행위에 적극 가담하여 이루어진 이중임대차계약

⑨ 강제집행을 면할 목적으로 체결한 허위의 저당권설정계약

⑩ 양도소득세의 일부를 회피할 목적으로 매매계약서에 실제로 거래한 것보다 낮은 금액을 매매대금으로 기재한 매매계약

⑪ 불륜관계의 종료를 해제조건으로 하는 증여계약

⑫ 부첩관계를 단절하면서 위자료 내지 생활비 명목으로 금원을 지급하기로 한 약정

⑬ 도박자금에 사용될 줄 알면서 금원을 빌려주기로 한 약정

⑭ 노름빚을 토대로 하여 노름빚을 변제하기로 한 약정

⑮ 도박채무자가 도박채무를 변제하기 위하여 도박채권자에게 부동산의 처분에 관한 대리권을 수여하는 행위

⑯ 농지법의 제한을 회피하기 위한 명의신탁약정

⑰ 조세포탈 및 투기 목적의 미등기전매행위

⑱ 상속세를 면할 목적으로 피상속인이 사망한 후 피상속인 명의로부터 타인에게 소유권이전등기를 경료한 행위

⑲ 주택매매계약에서 매도인이 양도소득세를 면탈하기 위하여 소유권이전등기를 일정기간 이후에 하기로 하는 특약

8. 甲은 자기 소유의 X토지를 乙에게 매도하는 계약을 체결한 후에 X토지를 다시 丙에게 매도하고 소유권이전등기를 경료하였다. 다음 각 경우에 관한 설명으로 옳은 것은?

> (가) 丙이 甲, 乙 간의 매매사실을 모른 경우
> (나) 丙이 甲, 乙 간의 매매사실을 단순히 안 경우
> (다) 丙이 甲의 乙에 대한 배임행위에 적극 가담한 경우

① (가)와 (나)는 법률관계에 차이가 없다.
② (나)에서 甲, 丙 간의 매매계약은 반사회질서의 법률행위로서 무효가 된다.
③ (다)에서 乙은 직접 丙을 상대로 소유권이전등기의 말소를 청구할 수 있다.
④ (다)에서 乙은 丙을 상대로 진정명의회복을 원인으로 하는 소유권이전등기를 청구할 수 있다.
⑤ 만일 X토지가 甲의 유일한 부동산이라면 乙은 甲, 丙 간의 매매계약에 대하여 채권자취소권을 행사할 수 있다.
⑥ (다)에서 丁이 丙을 대리하여 X토지를 매수하면서 甲의 배임행위에 적극 가담하였다면 丙은 그러한 사정을 몰랐더라도 X토지의 소유권을 취득하지 못한다.
⑦ (다)에서 丙으로부터 X토지를 다시 매수한 戊는 선의인 경우에 한하여 소유권을 취득한다.

9. 불공정한 법률행위에 관한 설명으로 옳은 것은?
① 급부와 반대급부 사이의 현저한 불균형 여부는 법률행위 시를 기준으로 거래상의 객관적 가치를 비교, 평가하여 판단하여야 한다.
② 피해자의 궁박은 정신적·심리적 원인에 의한 것을 포함한다.
③ 무경험이란 거래 일반의 경험부족이 아니라 특정 영역에서의 경험부족을 의미한다.
④ 대리행위의 경우에 궁박, 경솔, 무경험은 대리인을 기준으로 판단한다.
⑤ 법률행위가 현저하게 공정을 잃었다면 그것은 곧 당사자의 궁박, 경솔, 무경험으로 인하여 이루어진 것으로 추정된다.
⑥ 계약의 피해당사자가 급박한 곤궁 상태에 있었다면 상대방에게 폭리행위의 악의가 없었더라도 불공정한 법률행위는 성립한다.
⑦ 불공정한 법률행위의 양 당사자는 상대방에게 급부한 것에 대하여 부당이득반환을 청구할 수 없다.
⑧ 토지매매가 불공정한 법률행위에 해당하여 무효인 경우, 그러한 사정을 모르고 그 토지를 전득한 제3자는 토지의 소유권을 취득한다.

⑨ 불공정한 법률행위로서 무효인 경우에도 추인에 의해 유효로 될 수 있다.

⑩ 불공정한 법률행위로서 무효인 경우에도 무효행위의 전환의 법리가 적용될 수 있다.

⑪ 불공정한 법률행위의 당사자가 그와 같은 불공정성을 소송으로 주장할 수 없도록 하는 부제소합의(不提訴合意)는 무효이다.

⑫ 증여와 같은 무상행위도 불공정한 법률행위가 될 수 있다.

⑬ 경매에도 불공정한 법률행위에 관한 규정이 적용된다.

⑭ 불공정한 법률행위에 관한 규정은 계약에만 적용되고 단독행위에는 적용이 없다.

10. 법률행위의 해석에 관한 설명으로 틀린 것은?

① 상대방 있는 의사표시에서 표의자의 의사와 표시가 일치하지 않는 경우, 원칙적으로 규범적 해석을 하여야 한다.

② ①에서 상대방이 표의자의 진정한 의사를 안 경우에는 표시상의 효과의사를 기준으로 해석하여야 한다.

③ ①에서 상대방이 표의자의 진의에 동의한 경우, 표의자는 착오를 이유로 의사표시를 취소할 수 있다.

④ 토지매매계약에서 당사자 쌍방이 모두 지번을 착각하여 계약서에 실제로 합의한 토지가 아닌 다른 토지의 지번을 표시한 경우, 매매계약은 계약서에 표시된 토지가 아닌 실제로 합의한 토지에 대하여 성립한 것으로 보아야 한다.

⑤ ④는 규범적 해석의 결론이다.

⑥ 타인을 통하여 부동산을 매수함에 있어 매수인 명의를 그 타인 명의로 하기로 하였다면 그 명의신탁관계는 계약명의신탁이다.

⑦ 계약명의자가 명의수탁자로 되어 있더라도 계약당사자를 명의신탁자로 볼 수 있다면 그 명의신탁관계는 3자간(=중간생략형) 등기명의신탁으로 보아야 한다.

11. 진의 아닌 의사표시에 관한 설명으로 옳은 것은?

① 진의란 표의자가 마음속에서 진정으로 바라는 사항을 뜻한다.

② 강박에 의하여 증여의 의사표시를 한 경우, 이는 증여의 내심의 효과의사가 결여된 진의 아닌 의사표시이다.

③ 근로자가 회사의 경영방침에 따라 형식상 제출한 중간퇴직의 의사표시는 진의 아닌 의사표시로서 무효이다.

④ 근로자가 회사의 강요에 의하지 않고 자의로 제출한 중간퇴직의 의사표시는 진의 아닌 의사표시로 볼 수 없다.

⑤ 자기 명의로 대출받을 수 없는 자를 위하여 대출금채무자로서의 명의를 빌려준 경우, 그 대출신청의 의사표시는 비진의표시에 해당한다.

⑥ 비진의표시는 상대방이 안 경우에 한하여 무효로 된다.

⑦ 비진의표시의 무효를 주장하는 자는 상대방이 표의자의 진의 아님을 알았거나 알 수 있었다는 것을 증명하여야 한다.

⑧ 상대방 있는 단독행위에도 비진의표시에 관한 규정이 적용될 수 있다.

⑨ 공무원의 사직의 의사표시와 같은 사인(私人)의 공법행위에도 진의 아닌 의사표시에 관한 민법규정이 적용된다.

⑩ 대리인이 대리권을 남용하여 자신의 이익을 위한 배임적 대리행위를 한 경우, 비진의표시에 관한 규정이 유추적용된다.

12. 통정허위표시에 관한 설명으로 틀린 것은?

① 통정허위표시가 성립하기 위해서는 진의와 표시의 불일치에 관하여 표의자와 상대방 사이에 합의가 있어야 한다.

② 허위표시 그 자체가 반사회질서의 법률행위인 것은 아니다.

③ 허위표시의 당사자는 상대방에게 급부한 것에 대한 부당이득반환을 청구할 수 없다.

④ 허위표시는 무효이므로 채권자취소권의 대상이 될 수 없다.

⑤ 가장행위는 무효이지만, 가장행위에 의해 감추어진 은닉행위는 그 행위의 요건을 갖추고 있는 한 유효하다.

⑥ 甲으로부터 토지를 증여받은 乙이 매매를 원인으로 소유권이전등기를 경료한 경우, 乙은 토지소유권을 취득하지 못한다.

⑦ 허위표시의 제3자는 선의로 추정되므로, 허위표시의 무효를 주장하는 자가 제3자가 악의라는 사실을 입증하여야 한다.

⑧ 허위표시의 제3자는 선의·무과실이어야 한다.

⑨ 제3자가 선의인 경우에도 그와 거래한 악의의 전득자는 권리를 취득하지 못한다.

⑩ 악의의 제3자로부터 선의로 전득한 자는 허위표시의 제3자에 포함되지 않는다.

⑪ 가장매매의 매수인과 매매계약을 체결하고 소유권이전청구권 보전을 위한 가등기를 마친 자는 허위표시의 제3자에 해당한다.

⑫ 허위채권을 압류 또는 가압류한 자는 허위표시의 제3자에 해당한다.

⑬ 허위의 전세권에 기해 저당권을 설정받은 자는 허위표시의 제3자에 해당한다.

⑭ 가장채무를 보증하고 그 보증채무를 이행한 보증인은 허위표시의 제3자에 해당한다.

⑮ 채권의 가장양도에서 변제 전의 채무자는 허위표시의 제3자에 해당한다.

⑯ 가장채권자가 파산한 경우, 그 파산관재인은 허위표시의 제3자에 해당한다.

⑰ ⑯에서 파산관재인의 선의·악의는 파산관재인 개인을 기준으로 판단한다.

⑱ 제3자를 위한 계약이 통정허위표시에 해당하여 무효인 경우, 수익의 의사표시를 한 제3자는 허위표시의 제3자에 해당한다.

⑲ 가장소비대차에서 대주의 계약상 지위를 이전받은 자는 통정허위표시로부터 보호되는 제3자에 해당한다.

13. 甲은 채권자의 강제집행을 피하기 위하여 친구인 乙과 짜고 자기 소유의 건물을 매도한 것처럼 꾸며 乙 명의로 소유권이전등기를 하였다. 그런데 乙은 자신이 등기명의인이 된 것을 이용하여 이러한 사정을 모르는 丙에게 건물을 매도하고 소유권이전등기를 해 주었다. 이에 관한 설명으로 옳은 것은?

① 甲, 乙 간의 매매는 사회질서에 반하여 무효이다.

② 甲은 乙에게 부당이득반환을 청구할 수 없다.

③ 甲은 丙에게 소유권이전등기의 말소를 청구할 수 있다.

④ 丙이 건물의 소유권을 취득하기 위해서는 자신의 선의를 증명하여야 한다.

⑤ 丙이 선의라도 과실이 있는 때에는 건물의 소유권을 취득하지 못한다.

⑥ 丙이 이후 甲, 乙 간의 매매가 가장행위임을 알게 되더라도 丙은 그 매매의 무효를 주장할 수 없다.

⑦ 丙으로부터 그 건물을 다시 매수한 丁은 계약 당시 위와 같은 사정을 알았다 하더라도 건물의 소유권을 취득한다.

14. 착오로 인한 의사표시에 관한 설명으로 옳은 것은?

① 법률에 관한 착오도 법률행위의 내용의 중요부분에 관한 착오에 해당될 수 있다.

② 미필적인 장래의 불확실한 사실에 관한 착오는 제109조 소정의 착오에서 제외된다.

③ 표의자가 장래에 있을 어떤 사항의 발생이 미필적임을 알아 그 발생을 예기(豫期)한 데 지나지 않는 경우, 그 기대가 이루어지지 않은 것을 착오로 볼 수 없다.

④ 동기의 착오를 이유로 법률행위를 취소하려면 그 동기를 의사표시의 내용으로 삼기로 하는 합의가 있어야 한다.

⑤ 동기의 착오가 상대방에 의하여 유발된 경우에는 그 동기가 표시되지 않았더라도 중요부분의 착오가 될 수 있다.

⑥ 착오로 인한 의사표시로 표의자가 경제적인 불이익을 입지 않았더라도 착오를 이유로 그 의사표시를 취소할 수 있다.

⑦ 보증인이 주채무자 소유의 부동산에 가압류등기가 없다고 믿고 보증하였더라도 그 가압류가 원인무효로 밝혀졌다면 착오를 이유로 보증계약을 취소할 수 없다.

⑧ 착오를 이유로 의사표시를 취소하는 자는 법률행위의 내용에 착오가 있었다는 사실과 함께 그 착오가 의사표시에 결정적인 영향을 미쳤다는 점을 증명하여야 한다.

⑨ 착오로 인한 의사표시에 있어서 표의자에게 중대한 과실이 있는지 여부에 관한 증명책임은 표의자에게 있다.

⑩ 착오가 표의자의 중대한 과실로 인한 것이라도 상대방이 표의자의 착오를 알고 이용한 경우에는 표의자는 의사표시를 취소할 수 있다.

⑪ 착오취소권을 규정한 민법 제109조는 강행규정이므로, 당사자 간의 합의로 착오로 인한 취소권의 발생을 배제할 수 없다.

⑫ 착오를 이유로 계약을 취소한 자는 그로 인해 상대방이 입은 손해를 배상하여야 한다.

⑬ 매도인이 매수인의 채무불이행을 이유로 매매계약을 해제한 후에는 매수인은 계약의 성립에 착오가 있었더라도 이를 이유로 계약을 취소할 수 없다.

⑭ 매수인이 착오로 하자 있는 물건을 매수한 경우, 매도인의 하자담보책임이 성립한다면 매수인은 매도인의 담보책임을 물어야 하고 착오를 이유로 계약을 취소할 수 없다.

⑮ 소의 취하와 같은 소송행위는 착오를 이유로 취소할 수 없다.

⑯ 소취하합의의 의사표시도 중요부분에 착오가 있는 때에는 착오를 이유로 취소할 수 있다.

15. 사기·강박에 의한 의사표시에 관한 설명으로 옳은 것은?

① 주채무자의 기망행위로 신원보증서면에 서명한다는 착각에 빠져 연대보증서면에 서명한 경우, 사기를 이유로 의사표시를 취소할 수 있다.

② 아파트 분양자가 인근에 쓰레기 매립장이 건설된 예정이라는 사실을 분양계약자에게 고지하지 않은 것은 기망행위에 해당한다.

③ 상대방의 기망행위로 법률행위의 내용으로 표시되지 않은 의사결정의 동기에 착오를 일으킨 경우에도 사기를 이유로 그 법률행위를 취소할 수 있다.

④ 강박행위의 주체가 국가 공권력이고 그 공권력 행사의 내용이 기본권을 침해하는 것이라면 그 강박에 의한 의사표시는 반사회성을 띠게 되어 당연히 무효로 된다.

⑤ 부정행위에 대한 고소·고발이라도 그것이 부정한 이익을 목적으로 하는 것인 때에는 위법한 강박행위가 될 수 있다.

⑥ 제3자로부터 사기나 강박을 당하여 계약을 체결한 자는 상대방이 그 사실을 알았거나 알 수 있었을 경우에 한하여 계약을 취소할 수 있다.

⑦ 상대방의 대리인에 의한 사기나 강박은 제3자의 사기·강박에 해당한다.

⑧ 단순히 상대방의 피용자에 지나지 않는 사람(상대방의 대리인이 아님)이 한 사기나 강박은 제3자의 사기·강박에 해당하지 않는다.

⑨ 제3자의 사기로 인해 계약을 체결한 자가 그 제3자를 상대로 불법행위로 인한 손해배상을 청구하기 위해서는 먼저 그 계약을 취소하여야 한다.

⑩ 소송행위나 공법행위도 사기나 강박에 의한 것이라면 원칙적으로 취소할 수 있다.

⑪ 매도인의 기망에 의하여 하자 있는 물건을 매수한 매수인은 매도인의 담보책임을 물어 매매계약을 해제할 수도 있고, 사기를 이유로 매매계약을 취소할 수도 있다.

16. 甲은 丙의 기망행위로 자신의 토지를 乙에게 매도하였고, 乙은 그 토지를 丁에게 매도하고 소유권이전등기를 경료하였다. 이에 관한 설명으로 틀린 것은?

① 乙이 매매계약 당시 과실로 인하여 丙의 기망사실을 모른 경우, 甲은 사기를 이유로 乙과의 매매계약을 취소할 수 있다.

② 만일 丙이 乙의 대리인으로 위 매매계약을 체결하였다면, 甲은 乙이 丙의 기망사실을 알았거나 알 수 있었을 경우에 한하여 乙과의 매매계약을 취소할 수 있다.

③ 甲은 乙과의 매매계약을 취소하지 않고서도 丙을 상대로 불법행위로 인한 손해배상을 청구할 수 있다.

④ 甲, 乙 간의 매매계약이 사기를 이유로 취소되더라도 선의의 丁은 토지의 소유권을 상실하지 않는다.

17. 의사표시의 효력발생에 관한 설명으로 틀린 것은?

① 상대방이 부당하게 등기취급 우편물의 수취를 거절한 경우, 수취 거부 시에 의사표시의 효력이 생긴 것으로 본다.

② 의사표시가 상대방에게 도달하였더라도 상대방이 그 내용을 알기 전이라면 표의자는 그 의사표시를 철회할 수 있다.

③ 표의자가 의사표시를 발송한 후 사망하면 그 의사표시는 효력이 생기지 않는다.

④ 의사표시를 보통우편으로 발송한 경우, 그 우편이 반송되지 않는 한 의사표시는 도달된 것으로 추정된다.

⑤ 의사표시의 상대방이 제한능력자인 경우, 표의자는 그 의사표시로써 상대방에게 대항하지 못한다.

⑥ ⑤에서 상대방의 법정대리인이 의사표시의 도달을 안 후에는 표의자는 그 의사표시로써 상대방에게 대항할 수 있다.

⑦ 표의자가 과실로 인하여 상대방의 소재를 알지 못한 경우, 공시송달에 의하여 의사표시를 송달할 수 있다.

18. 법률행위의 대리에 관한 설명으로 옳은 것은?

① 계약체결의 대리권을 수여받은 대리인은 원칙적으로 그 계약을 취소하거나 해제할 권한을 가진다.

② 경매입찰 대리인의 대리권의 범위는 경락허가결정이 있은 후에 채권자의 경매신청 취하에 동의할 권한까지 포함한다.

③ 대리인이 자신의 이익을 꾀할 목적으로 대리권을 남용한 사실을 상대방이 알았거나 알 수 있었을 경우, 그 대리행위는 본인에게 효력이 없다.

④ 다툼이 없는 채무의 이행은 본인의 허락 없어도 자기계약이나 쌍방대리가 허용된다.

⑤ 부동산 매도인과 매수인 쌍방을 대리한 등기신청행위는 허용되지 않는다.

⑥ 대리인이 수인인 경우, 공동으로 본인을 대리하는 것이 원칙이다.

⑦ 수동대리에는 공동대리의 제한이 적용되지 않는다.

⑧ 본인의 사망, 성년후견개시, 파산은 대리권의 소멸사유이다.

⑨ 대리인의 한정후견개시는 대리권의 소멸사유이다.

⑩ 대리행위의 하자의 유무는 본인을 기준으로 결정한다.

⑪ 대리인은 의사능력이나 행위능력을 요하지 않는다.

⑫ 대리인의 귀책사유로 인한 채무불이행을 이유로 상대방이 계약을 해제한 경우, 해제로 인한 원상회복의무는 본인이 아니라 대리인이 부담한다.

19. 甲의 임의대리인 乙이 甲 소유의 건물에 대한 매매계약을 丙과 체결하였다. 이에 관한 설명으로 옳은 것은?

① 乙이 계약서에 대리관계의 표시 없이 甲의 이름만 적고 甲의 인장을 날인하였다면 이는 유효한 대리행위가 될 수 없다.

② 乙이 甲을 위한 것임을 표시하지 않은 경우에도 乙이 대리인으로서 계약을 한 것임을 丙이 알았거나 알 수 있었다면 그 매매계약은 甲에게 효력이 생긴다.

③ 의사와 표시의 불일치나 의사표시의 하자의 유무 또는 어느 사정에 대한 선의·악의 여부는 甲을 표준으로 결정한다.

④ 乙이 甲의 의사와 다른 표시를 한 경우, 甲은 착오를 이유로 乙의 의사표시를 취소할 수 있다.

⑤ 乙이 丙의 기망에 의해 매매계약을 체결한 경우, 乙은 甲의 별도수권 없이도 사기를 이유로 매매계약을 취소할 수 있다.

⑥ 乙이 丙을 기망하여 매매계약을 체결하였는데 甲이 그에 대해 선의·무과실이라면 丙은 사기를 이유로 매매계약을 취소할 수 없다.

⑦ 위 매매계약이 불공정한 법률행위인지가 문제된 경우, 무경험 및 궁박 상태 여부는 乙을 기준으로 판단한다.

⑧ 乙이 미성년자인 경우, 甲은 乙의 제한능력을 이유로 매매계약을 취소할 수 있다.

20. 복대리에 관한 설명으로 옳은 것은?

① 복대리인 선임행위는 일종의 대리행위이다.

② 복대리인은 그 권한 내에서 대리인을 대리한다.

③ 복대리인은 언제나 임의대리인이다.

④ 임의대리인은 본인의 승낙이 있는 경우에만 복대리인을 선임할 수 있다.

⑤ 대리의 목적인 법률행위의 성질상 대리인 자신에 의한 처리가 필요하지 아니한 경우, 본인이 복대리 금지의 의사를 명시하지 않은 한 복대리인의 선임에 관하여 묵시적인 승낙이 있는 것으로 보는 것이 타당하다.

⑥ 수임인의 능력에 따라 본인의 사업의 성공 여부가 결정되는 아파트 분양업무에 관한 대리권을 수여받은 대리인은 본인의 명시적인 승낙 없이는 복대리인을 선임할 수 없다.

⑦ 임의대리인이 본인의 승낙을 얻어 복대리인을 선임한 경우, 복대리인의 선임·감독에 관한 책임을 지지 않는다.

⑧ 임의대리인이 본인의 지명에 의하여 복대리인을 선임한 경우에는 그 부적임 또는 불성실함을 알고 본인에 대한 통지나 해임을 게을리한 때에만 책임이 있다.

⑨ 법정대리인은 본인의 승낙이 있거나 부득이한 사유가 있는 때가 아니면 복대리인을 선임할 수 없다.

⑩ 부득이한 사유로 복대리인을 선임한 법정대리인은 선임·감독에 과실이 있는 때에만 책임을 진다.

⑪ 대리인이 복대리인을 선임한 후에 사망하거나 파산하더라도 복대리인의 대리권은 소멸하지 않는다.

21. 대리권 없는 乙이 甲의 대리인이라고 칭하여 甲 소유의 토지에 대한 매매계약을 丙과 체결하였다. 다음 설명 중 옳은 것은?

① 위 매매계약은 甲이 추인하지 않으면 甲에게 효력이 없다.

② 甲은 추인의 의사표시를 丙에게 하여야 하고, 乙에게 한 추인은 그 효력이 생기지 않는다.

③ 甲이 乙에게 추인하였는데 丙이 그 사실을 모르고 철회하였다면 甲은 丙에게 추인의 효과를 주장하지 못한다.

④ 甲이 추인을 하면 매매계약은 그때부터 유효로 된다.

⑤ 甲이 乙이나 丙으로부터 매매대금을 수령하였다면 계약을 추인한 것으로 볼 수 있다.

⑥ 甲이 계약의 일부만 추인하거나 그 내용을 변경하여 추인한 경우, 丙의 동의를 얻지 못하는 한 그 추인은 효력이 없다.

⑦ 丙 명의로 소유권이전등기가 경료된 후 乙이 甲을 단독상속한 경우, 乙은 丙에 대하여 자신의 행위가 무권대리로서 무효임을 주장하여 그 등기의 말소를 청구할 수 있다.

⑧ 丙은 선의인 경우에만 甲에게 추인 여부의 확답을 최고할 수 있다.

⑨ 丙의 최고에 대하여 甲이 상당한 기간 내에 확답을 발하지 않으면 매매계약을 추인한 것으로 본다.

⑩ 丙은 매매계약 당시 乙에게 대리권 없음을 안 경우에도 甲의 추인이 있기 전이라면 계약을 철회할 수 있다.

⑪ 丙이 계약을 철회하였더라도 甲은 계약을 추인하여 丙에게 계약이행을 청구할 수 있다.

⑫ 대리권을 증명하지 못하고 甲의 추인도 얻지 못한 乙은 자신의 선택에 따라 선의 · 무과실의 丙에 대하여 계약이행 또는 손해배상의 책임을 진다.

⑬ 乙이 제한능력자인 경우에도 위의 책임을 면하지 못한다.

⑭ 乙의 무권대리행위가 제3자의 기망이나 문서위조 등 위법행위로 야기되어 乙에게 대리권의 흠결에 관한 귀책사유가 없는 경우에는 乙은 丙에 대하여 무권대리인으로서의 책임을 지지 않는다.

22. 표현대리에 관한 설명으로 옳은 것은?

① 유권대리의 주장 속에는 표현대리의 주장이 포함되어 있다.

② 표현대리가 성립하는 경우에도 상대방에게 과실이 있으면 이를 참작하여 본인의 책임을 경감할 수 있다.

③ 대리행위의 상대방으로부터 권리를 전득한 자도 표현대리의 성립을 주장할 수 있다.

④ 대리행위가 강행법규에 위반하여 무효가 된 경우에는 표현대리의 법리가 적용되지 않는다.

⑤ 대리권을 추단할 수 있는 직함이나 명칭의 사용을 승낙 또는 묵인한 것은 제125조의 대리권수여의 표시로 볼 수 있다.

⑥ 제125조의 대리권수여표시에 의한 표현대리는 임의대리뿐만 아니라 법정대리에도 적용된다.

⑦ 등기신청과 같은 공법행위에 관한 대리권도 권한을 넘은 표현대리의 기본대리권이 될 수 있다.

⑧ 법정대리의 경우에는 권한을 넘은 표현대리가 성립할 수 없다.

⑨ 대리권이 소멸한 후에는 권한을 넘은 표현대리가 성립할 수 없다.

⑩ 임의대리인이 본인의 승낙 없이 선임한 복대리인의 대리행위로는 권한을 넘은 표현대리가 성립할 수 없다.

⑪ 대리인이 기본대리권의 내용과 다른 종류의 행위를 한 경우에는 권한을 넘은 표현대리가 성립할 수 없다.

⑫ 담보권설정의 대리권을 수여받은 자가 그 부동산을 자기의 명의로 소유권이전등기를 경료한 후 타인에게 처분한 경우, 권한을 넘은 표현대리가 성립할 수 있다.

⑬ 권한을 넘은 표현대리의 성립요건인 상대방의 정당한 이유의 존부는 대리행위 당시의 사정뿐만 아니라 그 이후의 사정까지 고려하여 판단하여야 한다.

⑭ 대리인의 대리권이 소멸된 후에 선임된 복대리인의 대리행위로는 대리권소멸 후의 표현대리가 성립할 수 없다.

23. 법률행위의 무효에 관한 설명으로 옳은 것은?

① 법률행위의 일부분이 무효인 경우, 원칙적으로 나머지 부분은 무효가 되지 않는다.

② 법률행위의 일부무효에 관한 민법 제137조는 강행규정이므로, 이에 관한 당사자 간의 다른 약정은 무효이다.

③ 약관의 일부조항이 무효인 경우, 민법 제137조에 따라 계약은 원칙적으로 그 전부가 무효로 된다.

④ 법률행위가 성립하지 않은 경우에는 무효행위의 전환이나 추인에 관한 규정이 적용되지 않는다.

⑤ 불공정한 법률행위로서 무효가 된 법률행위는 다른 법률행위로 전환될 수 없다.

⑥ 무효행위의 추인은 무효인 법률행위를 사후에 유효로 하는 것이 아니라 새로운 의사표시에 의하여 새로운 법률행위를 하는 것이다.

⑦ 무효행위의 추인은 단독행위로서 묵시적으로도 할 수 있다.

⑧ 무효행위의 추인은 그 무효원인이 소멸한 후에 하여야 효력이 있다.

⑨ 반사회적 법률행위나 불공정한 법률행위로서 무효인 경우에도 추인에 의하여 유효로 될 수 있다.

⑩ 무효인 법률행위를 추인에 의하여 새로운 법률행위로 보기 위해서는 당사자가 그 무효를 알고서 추인하여야 한다.

⑪ 무효인 법률행위도 당사자가 무효임을 알고 추인하면 소급하여 유효한 법률행위가 된다.

⑫ 처분권자는 명문의 규정이 없더라도 처분권 없는 자의 처분행위를 추인하여 이를 유효하게 할 수 있다.

⑬ 무권리자가 타인의 권리를 처분하는 계약을 체결한 경우, 권리자가 이를 추인하면 계약의 효과는 원칙적으로 계약체결 시에 소급하여 권리자에게 귀속된다.

24. 토지거래허가구역 내의 토지매매에 관한 설명으로 틀린 것은?

① 매수인은 허가가 있을 것을 조건으로 하여 매도인을 상대로 소유권이전등기절차의 이행을 청구할 수 있다.

② 매도인의 허가신청절차협력의무와 매수인의 대금지급의무는 동시이행관계에 있다.

③ 유동적 무효상태에서는 매매계약상의 채무불이행을 이유로 매매계약을 해제하거나 손해배상청구를 할 수 없다.

④ 유동적 무효상태에서는 허가신청절차에 관한 협력의무불이행을 이유로 매매계약을 해제할 수 없다.

⑤ 유동적 무효상태에서도 해약금에 의한 해제를 할 수 있다.

⑥ 매수인이 협력의무를 이행하지 않아 매도인이 손해를 입은 경우, 매도인은 그로 인한 손해배상을 청구할 수 있다.

⑦ 유동적 무효상태에 있는 한 매수인은 계약금에 대한 부당이득반환을 청구할 수 없다.

⑧ 당사자 쌍방이 허가신청을 하지 않기로 의사표시를 명백히 한 경우에도 관할관청의 불허가처분이 있을 때까지는 계약의 유동적 무효상태는 지속된다.

⑨ 일방의 채무가 이행불능임이 명백하고 나아가 상대방이 거래계약의 존속을 더 이상 바라지 않고 있는 경우에는 계약은 확정적으로 무효로 된다.

⑩ 허가가 나지 않은 상태에서 토지에 관한 경매절차가 개시되어 제3자에게 소유권이 이전되었다면 계약은 확정적으로 무효가 된다.

⑪ 정지조건부 매매계약에서 그 조건이 허가를 받기 전에 불성취로 확정되었다면 계약은 확정적으로 무효가 된다.

⑫ 매매계약이 확정적으로 무효로 됨에 귀책사유가 있는 자는 그 계약의 무효를 주장할 수 없다.

⑬ 토지거래허가구역 내의 토지를 중간생략등기의 합의 아래 미등기인 채로 전전매매한 경우, 그 각각의 매매계약은 모두 확정적으로 무효로서 유효화될 여지가 없다.

⑭ 허가요건을 갖추지 못한 매수인이 허가요건을 갖춘 다른 사람의 명의를 도용하여 매매계약서에 그를 매수인으로 기재한 경우, 그 매매계약은 처음부터 확정적 무효이다.

⑮ 허가를 배제·잠탈하는 내용으로 매매계약이 체결되었으나 그 후 그 토지가 허가구역의 지정에서 해제되고, 매매계약 당사자들이 기존 매매계약이 무효임을 알면서 이를 추인하였다면 기존 매매계약은 추인한 때로부터 새로운 법률행위로서 유효하게 된다.

25. 법률행위의 취소에 관한 설명으로 옳은 것은?

① 취소권은 청구권이 아니라 형성권이다.

② 취소권의 행사 시 반드시 취소원인의 진술이 함께 행해져야 한다.

③ 제한능력자는 법정대리인의 동의 없이 한 법률행위를 단독으로 취소할 수 있다.

④ 대리행위에 취소사유가 있는 경우, 임의대리인이나 법정대리인은 모두 별도의 수권 없이 대리행위를 취소할 수 있다.

⑤ 취소할 법률행위의 상대방이 그 행위로 취득한 권리를 양도한 경우, 취소의 의사표시는 양수인에게 하여야 한다.

⑥ 상대방의 동의가 없는 한 취소는 조건을 붙여서 할 수 없다.

⑦ 취소를 전제로 한 소송상의 이행청구나 이행거절 가운데에는 취소의 의사표시가 포함되어 있다고 볼 수 있다.

⑧ 법률행위의 일부분에만 취소사유가 있는 경우, 그 부분이 가분적이고 나머지 부분의 효력을 유지하려는 당사자의 가정적 의사가 인정된다면 일부만의 취소도 가능하다.

⑨ 매매계약 체결 시 매도인의 기망에 의해 토지의 일정부분을 매매의 대상에서 제외시키는 특약을 한 경우, 매수인은 그 특약만을 사기를 이유로 취소할 수 있다.

⑩ 취소된 법률행위는 취소한 때부터 무효가 된다.

⑪ 법률행위가 제한능력을 이유로 취소된 경우, 악의의 제한능력자는 받은 이익에 이자를 붙여 반환하여야 한다.

⑫ 제한능력을 이유로 한 취소는 선의의 제3자에게 대항할 수 없다.

26. 취소권의 소멸(추인, 법정추인, 제척기간)에 관한 설명으로 틀린 것은?

① 제한능력자의 법률행위를 법정대리인이 추인하는 경우, 그 추인은 취소의 원인이 소멸한 후에 하여야 효력이 있다.

② 취소할 수 있는 법률행위의 추인은 취소할 수 있는 행위임을 알고서 하여야 효력이 생긴다.

③ 취소할 수 있는 법률행위를 추인한 후에는 다시 그 법률행위를 취소하지 못한다.

④ 법률행위가 취소된 이상 취소할 수 있는 법률행위의 추인에 의하여 다시 유효하게 할 수 없다.

⑤ 법률행위가 취소된 후에도 무효행위의 추인은 가능하다.

⑥ 미성년자가 취소할 수 있는 법률행위로부터 생긴 채무를 이행한 것은 법정추인사유에 해당한다.

⑦ 취소권자가 이의를 유보한 상태에서 취소할 수 있는 계약으로부터 생긴 채무를 이행한 것은 법정추인사유에 해당한다.

⑧ 상대방이 사기를 안 취소권자에게 계약의 이행을 청구한 것은 법정추인사유에 해당한다.

⑨ 사기를 안 취소권자가 상대방에게 채무의 담보로 저당권을 설정해 준 것은 법정추인사유에 해당한다.

⑩ 甲이 乙을 기망하여 건물을 매도한 경우, 甲이 乙에 대한 매매대금채권을 丙에게 양도한 것은 법정추인사유에 해당한다.

⑪ 취소권은 취소의 원인이 소멸한 날로부터 3년 내에 행사하여야 한다.

⑫ 강박에 의해 계약을 체결한 자는 강박에서 벗어난 날로부터 3년이 지났어도 계약을 체결한 날로부터 10년이 지나지 않았다면 강박을 이유로 계약을 취소할 수 있다.

⑬ 취소권의 제척기간이 도과하였는지 여부는 당사자의 주장에 관계없이 법원이 당연히 조사하여 재판에 고려하여야 한다.

27. 조건에 관한 설명으로 틀린 것은?

① 조건은 법률행위의 성립 여부를 장래의 불확실한 사실의 성부(成否)에 의존케 하는 법률행위의 부관이다.

② 조건의사가 있더라도 그것이 외부에 표시되지 않으면 조건이 될 수 없다.

③ 조건이 되기 위해서는 법률이 요구하는 것이 아니라 당사자가 임의로 부가한 것이어야 한다.

④ 동산에 대한 소유권유보부 매매의 경우 물권행위인 소유권이전의 합의가 매매대금의 완납을 정지조건으로 하여 성립한다.

⑤ 주택건설을 위한 토지매매계약에서 건축허가신청이 불허되었을 때는 계약을 무효로 한다는 특약은 해제조건에 해당한다.

⑥ 불법조건이 붙은 법률행위는 조건 없는 법률행위가 된다.

⑦ 부첩관계의 종료를 해제조건으로 증여한 경우, 그 조건만 무효이고 증여계약은 유효하다.

⑧ 정지조건부 매매계약에서 그 조건이 계약 당시 이미 성취한 것인 경우, 이는 조건 없는 매매계약이다.

⑨ 조건이 법률행위 당시에 이미 성취할 수 없는 것일 경우, 그 조건이 해제조건이면 조건 없는 법률행위로 한다.

⑩ 취소나 해제에는 원칙적으로 조건을 붙일 수 없다.

⑪ 채무의 면제나 유증은 단독행위라도 조건을 붙여서 할 수 있다.

⑫ 조건성취로 인하여 불이익을 받을 자가 고의가 아닌 과실로 조건의 성취를 방해한 때에는 상대방은 조건이 성취된 것으로 주장할 수 없다.

⑬ 조건부 권리는 조건의 성취가 미정인 동안에는 처분하거나 담보로 할 수 없다.

⑭ 정지조건부 소유권이전청구권을 보전하기 위한 가등기는 허용되지 않는다.

⑮ 정지조건부 계약은 조건이 성취되면 계약성립 시에 소급하여 효력이 발생한다.

⑯ 조건성취의 효력은 당사자의 의사표시로 소급하게 할 수 없다.

⑰ 법률행위에 조건이 붙어 있는지 아닌지는 조건의 존재를 주장하는 자가 증명하여야 한다.

⑱ 어떤 법률행위가 정지조건부 법률행위에 해당한다는 사실은 그 법률효과의 발생을 다투려는 자가 증명하여야 한다.

⑲ 정지조건부 법률행위에서 정지조건이 성취되었다는 사실은 법률효과의 발생을 주장하는 자가 증명하여야 한다.

28. 기한에 관한 설명으로 옳은 것은?

① 토지임대차계약의 기간을 '임대인이 임차인에게 토지를 매도할 때까지'로 정하였다면 이는 불확정기한에 해당한다.

② '3년 안에 甲이 사망하면 乙이 丙에게 자동차를 증여한다.'는 계약은 불확정기한부 법률행위이다.

③ 부관이 붙은 법률행위에 있어서 부관에 표시된 사실의 발생 유무에 상관없이 채무를 이행해야 하는 경우, 그 부관은 조건이 아니라 불확정기한이다.

④ 불확정기한은 기한으로 정한 사실이 발생한 때는 물론 그 사실의 발생이 불가능하게 된 때에도 기한이 도래한 것으로 보아야 한다.

⑤ 이미 부담하고 있는 채무의 변제에 붙여진 부관은 특별한 사정이 없는 한 조건이 아니라 기한으로 해석되어야 한다.

⑥ 임대차계약을 합의해제하면서 계약금 및 중도금은 '점포가 다른 사람에게 분양 또는 임대되는 때' 반환하기로 약정한 경우, 이는 조건이 아니라 불확정기한이다.

⑦ 기한부 법률행위의 당사자가 기한도래의 효력을 그 도래 전으로 소급하게 할 의사를 표시한 때에는 그 의사에 의한다.

⑧ 기한은 채무자의 이익을 위한 것으로 본다.

⑨ 채무자가 담보물을 손상, 멸실하였을 때에는 기한의 이익을 상실한다.

⑩ 기한의 이익은 포기할 수 있으나, 상대방의 이익을 해하지 못한다.

⑪ 기한이익상실의 특약은 특별한 사정이 없는 한 정지조건부 기한이익상실의 특약으로 추정한다.

물권법

29. 물권에 관한 설명으로 옳은 것은?

① 1필의 토지의 일부는 분필절차를 거치지 않는 한 용익물권의 객체가 될 수 없다.

② 1필의 토지의 일부에도 저당권이 성립할 수 있다.

③ 「입목에 관한 법률」에 의하여 등기된 수목의 집단은 토지와 별개로 저당권의 목적이 될 수 있다.

④ 명인방법을 갖춘 수목은 토지와 독립된 별개의 부동산으로 소유권이나 저당권의 목적이 될 수 있다.

⑤ 농작물은 타인의 토지에서 무단경작된 경우에도 경작자가 소유권을 갖지만, 최소한 명인방법(明認方法)은 갖추어야 한다.

30. 물권의 우선적 효력에 관한 설명으로 옳은 것은?

① 어떤 토지에 저당권, 지상권, 저당권이 차례대로 설정된 후 후순위 저당권자가 경매를 신청한 경우, 지상권은 매각으로 소멸하지 않는다.

② 후순위 저당권자가 신청한 경매로 선순위 전세권이 소멸하는 경우는 없다.

③ 점유권과 본권이 하나의 물건 위에 성립한 때에는 본권이 점유권에 우선한다.

④ 가등기된 권리를 후에 본등기하면 가등기한 시점을 기준으로 다른 물권과의 우열이 정해진다.

⑤ 가압류등기가 먼저 된 후 저당권이 설정된 경우에도 저당권자는 가압류채권자에 우선하여 변제받는다.

31. 물권적 청구권에 관한 설명으로 옳은 것은?

① 소유권에 기한 방해배제청구권은 방해결과의 제거를 내용으로 한다.

② 물권에 대한 침해가 있더라도 물권자에게 손해가 발생하지 않았다면 물권적 청구권이 성립할 수 없다.

③ 상대방에게 귀책사유가 없다면 물권적 청구권은 성립하지 않는다.

④ 물권적 청구권의 이행불능으로 인한 손해배상청구권은 인정되지 않는다.

⑤ 물권적 청구권에 기하여 방해배제비용을 청구할 수 있다.

⑥ 물권적 청구권은 20년간 행사하지 아니하면 시효로 소멸한다.

⑦ 물권적 청구권은 물권과 분리하여 양도할 수 없다.

⑧ 소유권을 상실한 전 소유자는 불법점유자에 대하여 물권적 청구권에 기한 방해배제를 청구할 수 없다.

⑨ 지역권과 저당권에는 목적물반환청구권이 인정되지 않는다.

32. 소유권에 기한 물권적 청구권에 관한 설명으로 옳은 것은?

① 점유보조자도 소유물반환청구의 상대방이 될 수 있다.

② 토지의 매도인은 소유권이전등기 없이 토지를 인도받은 매수인으로부터 다시 그 토지를 매수하여 점유·사용하고 있는 자에 대하여 소유권에 기한 반환을 청구할 수 없다.

③ 유치권자로부터 유치의 방법으로 유치물의 보관을 위탁받은 자는 소유자의 소유물반환청구를 거부할 수 있다.

④ 甲은 자신의 토지 위에 무단으로 건물을 건축하여 점유하고 있는 乙에 대하여 건물에서 퇴거할 것을 청구할 수 있다.

⑤ ④에서 乙이 그 건물을 丙에게 임대하여 인도한 경우, 甲은 丙에게 건물의 철거 및 대지의 인도를 청구하여야 한다.

⑥ ⑤에서 丙이 임차권의 대항력을 갖춘 경우, 甲은 丙에게 토지소유권에 기한 방해배제로서 건물로부터 퇴출할 것을 청구할 수 없다.

⑦ 甲의 토지 위에 무단으로 건물을 신축한 乙이 그 건물을 丁에게 매도하여 인도한 경우, 丁이 미등기인 상태라 하더라도 甲은 丁에게 건물의 철거 및 대지의 인도를 청구할 수 있다.

⑧ 소유자는 소유권을 방해할 염려가 있는 자에 대하여 방해의 예방과 함께 손해배상의 담보를 청구할 수 있다.

33. 등기를 갖추지 않은 부동산 양수인의 법적 지위에 관한 설명으로 옳은 것은?

① 미등기건물의 양수인이 소유권이전등기를 경료받지 않는 한 건물의 소유권을 취득할 수 없지만, 그러한 자에게도 소유권에 준하는 관습상의 물권이 인정된다.

② 건물을 신축하여 소유권을 취득한 甲으로부터 미등기인 채로 그 건물을 매수한 乙은 건물을 불법점유하고 있는 丙에 대하여 직접 건물의 명도를 청구할 수 있다.

③ 건물을 매수하여 점유하고 있는 자가 아직 등기부상 소유자로서 등기명의가 없는 경우, 그 건물의 건립으로 불법점유를 당하고 있는 토지소유자는 그와 같은 건물점유자에게 건물의 철거를 청구할 수 없다.

④ 미등기건물을 양수하여 건물에 관한 사실상의 처분권을 가진 자는 그 건물의 부지를 점유하고 있다고 볼 수 있다.

34. 등기를 하여야 부동산물권변동의 효력이 생기는 경우는?

① 공유지분이나 합유지분의 포기에 의한 물권의 변동
② 공유물의 협의분할에 의한 물권의 변동
③ 공유물분할청구소송의 확정판결에 의한 소유권의 취득
④ 공유물분할의 소에서 조정이 성립한 경우의 물권변동
⑤ 매매로 인한 소유권이전등기청구소송의 확정판결에 의한 소유권의 취득
⑥ 점유취득시효완성으로 인한 소유권의 취득
⑦ 매매계약의 취소나 해제로 인한 소유권의 복귀
⑧ 저당권실행경매로 인한 법정지상권의 취득
⑨ 법정지상권이 붙은 건물의 양수인의 법정지상권 취득
⑩ 법정지상권이 붙은 건물의 경락인의 법정지상권 취득
⑪ 피담보채권의 소멸로 인한 저당권의 소멸
⑫ 혼동으로 인한 물권의 소멸
⑬ 환매권의 행사로 인한 소유권의 취득
⑭ 1동의 건물의 일부에 대한 구분소유권의 취득
⑮ 집합건물의 공용부분에 대한 지분 취득

35. 등기청구권에 관한 설명으로 옳은 것은?

① 소유권이전등기를 하지 않은 부동산매수인이 그 부동산을 인도받아 사용·수익하다가 다른 사람에게 처분하고 점유를 승계하여 준 경우, 매수인의 소유권이전등기청구권은 그때부터 소멸시효가 진행한다.
② 무효인 3자간 등기명의신탁에서 부동산을 매수하여 인도받아 계속 점유하는 명의신탁자의 매도인에 대한 소유권이전등기청구권은 소멸시효에 걸리지 않는다.
③ 점유취득시효 완성으로 인한 소유권이전등기청구권은 채권적 청구권으로서, 점유자가 취득시효완성 후에 부동산의 점유를 상실하면 곧바로 소멸한다.
④ 매매계약의 해제로 인한 소유권이전등기의 말소등기청구권은 채권적 청구권으로서 소멸시효의 대상이 된다.
⑤ 매매로 인한 소유권이전등기청구권의 양도는 통상의 채권양도와 마찬가지로 양도인의 채무자에 대한 통지만으로 채무자에 대한 대항력이 생긴다.
⑥ 점유취득시효 완성으로 인한 소유권이전등기청구권의 양도는 통상의 채권양도와 달리 반드시 채무자의 동의나 승낙을 받아야 대항력이 생긴다.
⑦ 명의신탁자가 명의신탁 해지를 원인으로 한 소유권이전등기청구권을 제3자에게 양도한 경우, 명의수탁자가 그 양도에 동의하거나 승낙하지 않으면 양수인은 명의수탁사에게 소유권이선등기를 청구할 수 없다.

36. 甲 소유의 토지를 매수한 乙이 그 토지를 丙에게 전매하였으나 등기명의는 아직 甲에게 남아 있다. 이에 관한 설명으로 옳은 것은?

① 중간생략등기에 관한 전원의 합의가 있으면 丙이 직접 甲에 대하여 소유권이전등기를 청구할 수 있다.

② 중간생략등기에 관한 전원의 합의가 없다면 丙은 乙을 대위하여 甲에게 乙 명의로의 소유권이전등기를 청구할 수 있다.

③ 乙이 甲에 대한 소유권이전등기청구권을 丙에게 양도하고 이를 甲에게 통지하였다면 丙은 甲의 승낙 여부에 관계없이 직접 甲에게 소유권이전등기를 청구할 수 있다.

④ 甲, 乙, 丙 전원이 중간생략등기의 합의를 하면 乙의 甲에 대한 소유권이전등기청구권은 소멸한다.

⑤ 甲, 乙, 丙 전원이 중간생략등기의 합의를 한 후 甲과 乙이 매매대금을 인상하는 약정을 한 경우, 甲은 인상분의 미지급을 이유로 丙의 소유권이전등기청구를 거절할 수 있다.

⑥ 甲, 乙, 丙 전원의 합의 없이 甲으로부터 직접 丙 앞으로 경료된 소유권이전등기는 무효이다.

⑦ 위 토지가 토지거래허가구역 내의 토지인 경우, 甲, 乙, 丙 전원이 중간생략등기의 합의를 하면 丙은 甲에 대하여 직접 허가신청절차의 협력의무이행청구권을 가진다.

⑧ ⑦에서 甲과 丙을 매매당사자로 하는 토지거래허가를 받아 甲으로부터 직접 丙 앞으로 경료된 소유권이전등기는 유효하다.

37. 甲은 소유권이전청구권 보전을 위한 乙 명의의 가등기가 되어 있는 자신의 토지를 丙에게 매도하고 소유권이전등기를 마쳐 주었다. 이에 관한 설명으로 옳은 것은?

① 乙은 甲에 대하여 소유권이전등기를 청구할 어떠한 법률관계가 있다고 추정된다.

② 만일 丙 명의의 소유권이전등기가 무효라면 乙은 본등기를 하기 전에도 丙에 대하여 등기의 말소를 청구할 수 있다.

③ 乙은 丙에게 가등기에 기한 본등기를 청구하여야 한다.

④ 乙이 가등기에 기하여 본등기를 하면 가등기를 한 때에 소급하여 소유권을 취득한다.

⑤ 乙의 가등기에 기하여 본등기가 경료된 경우, 丙 명의의 소유권이전등기는 등기관에 의해 직권말소된다.

⑥ ⑤에서 丙은 선의·악의를 불문하고 甲에게 매도인의 담보책임을 물어 매매계약을 해제하고 손해배상을 청구할 수 있다.

⑦ 乙은 가등기에 의해 보전된 소유권이전청구권을 가등기의 부기등기의 방법으로 타인에게 양도할 수 있다.

38. 부동산등기에 관한 설명으로 틀린 것은?

① 미등기건물의 승계취득자가 원시취득자와의 합의에 따라 직접 소유권보존등기를 마친 경우, 그 등기는 실체관계에 부합하는 등기로서 유효하다.

② 사망자를 등기의무자로 하여 경료된 등기라도 그의 상속인의 의사에 따라 이루어진 것이라면 유효하다.

③ 위조된 등기신청서류에 의하여 경료된 소유권이전등기라도 실체관계에 부합하는 경우에는 유효하다.

④ 중복된 소유권보존등기의 등기명의인이 동일인이 아닌 경우, 선등기가 원인무효가 아닌 한 후등기는 무효이다.

⑤ 소유권보존등기가 중복된 경우, 무효인 후등기를 기초로 설정된 근저당권에 기한 경매절차에서 부동산을 낙찰받은 경락인은 그 부동산의 소유권을 취득하지 못한다.

⑥ 무효등기의 유용에 관한 합의 내지 추인은 묵시적으로도 이루어질 수 있다.

⑦ 무효등기인 사실을 알고도 장기간 이의를 제기하지 않고 방치하였다면 무효등기의 유용에 관한 묵시적 합의 내지 추인이 있었다고 볼 수 있다.

⑧ 무효등기의 유용은 그 유용의 합의가 있기 전에 등기상 이해관계 있는 제3자가 생기지 않은 경우에만 허용된다.

⑨ 멸실된 건물의 등기부에 신축건물에 관한 등기를 등재한 경우, 그 등기는 등기상 이해관계 있는 제3자가 없더라도 무효이다.

⑩ 무효인 가등기를 유용하기로 약정하면 그 가등기는 소급하여 유효한 등기가 된다.

⑪ 저당권설정등기가 무효인 경우에도 특별한 사정이 없으면 저당권이전의 부기등기를 하는 방법으로 무효인 저당권등기를 다른 채권을 담보하기 위한 등기로 유용할 수 있다.

⑫ 소유권이전등기의 등기명의자는 제3자에 대해서뿐만 아니라 전 소유자에 대해서도 적법한 등기원인에 의하여 소유권을 취득한 것으로 추정된다.

⑬ 건물 소유권보존등기의 명의인이 건물을 신축하지 않은 것으로 밝혀진 경우, 등기의 추정력은 깨어진다.

⑭ 건물의 소유권보존등기의 명의자가 전 소유자로부터 건물을 양도받았다는 주장을 하고 전 소유자는 보존등기 명의자에의 양도사실을 부인하는 경우, 그 등기의 추정력은 깨어진다.

⑮ 등기는 물권의 효력발생요건이지 존속요건이 아니므로, 물권에 관한 등기가 원인 없이 불법말소되더라도 그 물권의 효력에는 아무런 영향을 미치지 않는다.

⑯ 소유권이전등기가 불법말소된 경우, 말소된 등기의 등기명의인은 그 회복등기가 마쳐지기 전이라도 적법한 권리자로 추정된다.

39. 어느 건물의 등기부를 보니 甲 명의로 소유권보존등기가 되어 있다가 매매를 원인으로 乙 앞으로 소유권이전등기가 되었고, 한편 乙의 丙에 대한 채무를 담보하기 위한 저당권이 설정되어 있다. 등기의 추정력에 관한 설명으로 틀린 것은?

① 소유권보존등기 명의자인 甲이 건물을 신축한 것이 아니라면 그 등기의 권리추정력은 깨어진다.

② ①에서 乙이 등기명의인인 甲을 소유자로 믿고 건물을 매수하였다면 乙에게 과실이 있다고 할 수 없다.

③ 乙은 전 등기명의인인 甲에 대한 관계에서는 건물의 소유자로 추정되지 않는다.

④ 소유권이전등기의 원인으로 주장된 매매계약서가 진정하지 않은 것으로 증명되면 乙의 등기의 추정력은 깨어진다.

⑤ 乙 명의의 소유권이전등기가 甲이 사망한 이후에 그의 신청에 의해 이루어졌다면 이는 원인무효의 등기로서 등기의 추정력을 인정할 수 없다.

⑥ ⑤에서 등기의무자인 甲의 사망 전에 그 등기원인이 이미 존재하는 때에는 乙 명의의 소유권이전등기의 추정력이 인정된다.

⑦ 乙이 甲의 대리인으로부터 건물을 매수하였다고 주장하는 경우, 그 대리권의 존부에 대한 증명책임은 乙이 부담한다.

⑧ 丙의 저당권등기로부터 저당권뿐만 아니라 그에 상응하는 피담보채권의 존재도 추정된다.

40. 혼동에 관한 설명으로 틀린 것은?

① 甲 소유의 토지에 대한 지상권자 乙이 그 토지의 소유권을 취득하면 乙의 지상권은 혼동으로 소멸한다.

② ①에서 乙의 지상권 위에 丙의 저당권이 설정되어 있다면 乙의 지상권은 소멸하지 않는다.

③ ①에서 甲이 乙에게 채무담보의 목적으로 소유권이전등기를 경료해 준 것이라면 乙의 지상권은 혼동으로 소멸하지 않는다.

④ 甲 소유의 건물에 대항력 있는 임차권을 취득한 乙이 그 건물의 소유권을 취득하면 乙의 임차권은 혼동으로 소멸한다.

⑤ ④에서 乙이 임차권의 대항력을 갖춘 후에 丙의 저당권이 설정되었다면 乙의 임차권은 소멸하지 않는다.

⑥ 어떤 건물에 甲이 저당권을 취득한 후에 乙이 가압류등기를 한 경우, 甲이 그 건물의 소유권을 취득하면 甲의 저당권은 혼동으로 소멸한다.

⑦ 어떤 토지에 甲이 1번 저당권, 乙이 2번 저당권을 가진 경우, 乙이 그 토지의 소유권을 취득하면 乙의 저당권은 소멸한다.

⑧ 甲의 토지에 대한 乙의 지상권 위에 丙이 1번 저당권, 丁이 2번 저당권을 취득한 후, 丙이 乙로부터 그 지상권을 취득하면 丙의 저당권은 혼동으로 소멸한다.

⑨ 甲 소유의 토지를 점유하고 있던 乙이 그 토지를 매수하여 소유권을 취득하면 乙의 점유권은 혼동으로 소멸한다.

⑩ 甲의 건물에 乙이 저당권을 취득한 다음 그 건물을 매수하여 소유권이전등기를 마쳤는데 그 매매계약이 무효임이 밝혀진 경우, 乙의 저당권은 소멸하지 않는다.

41. 점유에 관한 설명으로 옳은 것은?

① 건물의 소유자는 현실적으로 건물이나 그 부지를 점거하지 않더라도 건물의 부지에 대한 점유가 인정된다.

② 건물의 임차인이나 유치권자는 건물을 점유하는 경우에도 건물부지의 짐유자가 아니다.

③ 상속에 의하여 점유권을 취득한 경우, 상속인은 피상속인의 점유를 떠나 자기만의 점유를 주장할 수 있다.

④ 점유자는 소유의 의사로 평온, 공연하게 선의·무과실로 점유한 것으로 추정된다.

⑤ 선의의 점유자라도 본권에 관한 소에서 패소하면 그 판결이 확정된 때부터 악의의 점유자로 본다.

⑥ 점유자가 점유물에 대하여 행사하는 권리는 적법하게 보유한 것으로 추정한다는 규정(민법 제200조)은 부동산물권에 대하여도 적용된다.

⑦ 전유할 권리가 소멸하면 전유권도 소멸한다.

⑧ 사기에 의하여 건물을 명도한 자는 점유물반환청구권을 행사할 수 없다.

⑨ 직접점유자가 간접점유자의 의사에 반하여 임의로 점유물을 제3자에게 인도한 경우, 간접점유자는 제3자에 대하여 점유물반환청구권을 행사할 수 있다.

⑩ 상대방으로부터 점유를 침탈당한 점유자가 자력구제에 해당하지 않는 방법으로 점유를 탈환하였을 경우, 상대방은 점유자를 상대로 점유의 회수를 청구할 수 있다.

⑪ 점유침탈자의 특별승계인은 선·악을 불문하고 점유물반환청구의 상대방이 될 수 없다.

⑫ 점유의 침탈을 당한 자는 침탈자의 선의의 매수인으로부터 악의로 전득한 자에 대하여 점유물반환청구권을 행사할 수 있다.

⑬ 점유물반환청구권은 점유를 침탈당한 날로부터 1년 내에 재판상 또는 재판 외에서 행사할 수 있다.

⑭ 점유권에 기인한 소는 본권에 관한 이유로 재판할 수 있다.

⑮ 점유보조자는 점유물반환청구권을 행사할 수 없지만, 자력구제권은 행사할 수 있다.

42. 자주점유와 타주점유에 관한 설명으로 틀린 것은?

① 자주점유의 요건인 소유의 의사의 유무는 점유자의 내심의 의사에 의하여 결정된다.

② 타인 소유의 토지임을 알면서 매수하여 점유한 자의 점유는 타주점유이다.

③ 타인 소유의 부동산을 악의로 무단점유한 사실이 입증되면 자주점유추정이 깨어진다.

④ 매매의 대상이 된 토지의 면적이 공부상 면적을 상당히 초과하는 경우, 그 초과부분에 대한 점유는 타주점유이다.

⑤ 매수인이 착오로 인접토지의 일부를 그가 매수한 토지에 속하는 것으로 믿고 점유하고 있다면 그 점유는 자주점유이다.

⑥ 계약명의신탁약정에 따라 명의수탁자 명의로 등기된 부동산을 명의신탁자가 점유하는 경우, 특별한 사정이 없는 한 명의신탁자의 점유는 타주점유에 해당한다.

⑦ 점유자가 매매나 증여 등 자주점유권원을 주장하였으나 이것이 인정되지 않은 경우, 자주점유의 추정이 깨어진다.

⑧ 토지의 점유자가 소유자를 상대로 매매를 원인으로 하는 소유권이전등기청구소송을 제기하였다가 패소하면 자주점유의 추정이 번복되어 타주점유로 전환된다.

⑨ 진정한 소유자가 점유자를 상대로 소유권이전등기의 말소등기청구소송을 제기하여 점유자의 패소로 확정되었다면, 점유자의 점유는 패소판결 확정 후부터는 타주점유로 전환된다.

⑩ 국가나 지방자치단체가 부동산을 점유하는 경우에도 자주점유의 추정이 적용된다.

⑪ 국가나 지방자치단체가 적법한 공공용 재산의 취득절차를 밟지 않고 권원 없이 사유 토지를 도로부지에 편입시킨 경우에는 자주점유의 추정이 깨어진다.

43. 점유자와 회복자의 관계에 관한 설명으로 틀린 것은?

① 선의의 점유자라도 법률상 원인 없이 타인의 건물을 점유·사용하고 그로 말미암아 그에게 손해를 입혔다면 그로 인한 이득을 소유자에게 반환할 의무가 있다.

② 악의의 점유자가 과실(過失)로 인하여 과실(果實)을 수취하지 못한 경우에는 그 과실(果實)의 대가를 보상하여야 한다.

③ 점유자의 책임 있는 사유로 점유물이 멸실·훼손된 경우, 소유의 의사가 없는 점유자는 선의인 경우에도 손해의 전부를 배상하여야 한다.

④ 악의의 점유자는 점유물에 지출한 비용의 상환을 청구할 수 없다.

⑤ 선의의 점유자가 점유물의 과실을 취득하였거나 점유물을 사용하여 이익을 얻은 경우에는 통상의 필요비의 상환을 청구하지 못한다.

⑥ 악의의 점유자도 선의의 점유자와 마찬가지로 점유물에 지출한 통상의 필요비의 상환을 청구하지 못한다.

44. 乙은 甲 소유의 건물을 자기의 것으로 오신하여 점유·사용하다가 甲으로부터 반환청구를 받아 그 건물을 반환하게 되었다. 이에 관한 설명으로 옳은 것은?

① 乙은 건물의 점유·사용으로 인한 이익을 甲에게 부당이득으로 반환하여야 한다.

② 乙의 귀책사유로 건물이 훼손된 경우, 乙은 이익이 현존하는 한도 내에서 甲에게 배상책임을 진다.

③ 乙이 건물을 사용하면서 노후된 보일러의 부품을 교체하였다면 건물을 반환할 때 甲에게 그 비용의 상환을 청구할 수 있다.

④ 乙이 건물의 개량을 위해 비용을 지출하여 그 가액의 증가가 현존하는 경우, 乙은 자신의 선택에 따라 지출액이나 증가액의 상환을 甲에게 청구할 수 있다.

⑤ ④에서 지출액이나 증가액에 관한 증명책임은 유익비의 상환을 구하는 乙에게 있다.

⑥ 乙의 필요비상환청구에 대하여 법원은 甲의 청구에 의하여 상당한 상환기간을 허여할 수 있다.

45. 상린관계에 관한 설명으로 옳은 것은?

① 기존의 통로가 있으면 그것이 당해 토지의 이용에 부적합하여 실제로 통로로서의 충분한 기능을 하지 못할 때에도 주위토지통행권은 인정되지 않는다.

② 주위토지통행권은 장래의 이용을 위하여 인정될 수 있으므로, 그 범위와 관련하여 장래의 이용상황까지 미리 대비하여 통행로를 정할 수 있다.

③ 건축법에 건축과 관련하여 도로에 관한 폭 등의 제한규정이 있으면 포위된 토지의 소유자에게 이와 일치하는 통행권이 인정된다.

④ 주위토지통행권이 인정되는 경우 통행지 소유자는 원칙적으로 통로개설 등 적극적인 작위의무를 부담한다.

⑤ 통행권자가 통행지 소유자에게 손해보상의 지급을 게을리하면 통행권이 소멸한다.

⑥ 토지의 분할로 주위토지통행권이 인정되는 경우, 통행권자는 분할당사자인 통행지 소유자의 손해를 보상하여야 한다.

⑥ 토지의 분할 및 일부양도의 경우, 무상주위통행권에 관한 민법의 규정은 포위된 토지 또는 피통행지의 특정승계인에게는 적용되지 않는다.

⑦ 토지의 일부가 양도된 경우, 일부양도 전의 양도인 소유의 토지에 대해 무상통행권이 인정되는 이상 제3자 소유의 토지에 대하여는 통행권을 주장할 수 없다.

⑧ 경계표나 담의 설치비용은 토지의 면적에 비례하여 부담한다.

⑨ 당사자 간에 합의가 있었다면 인접지에 건물을 축조하는 자가 민법 제242조가 정하는 법정거리(0.5m)를 두지 않았다고 하여 그 건축을 폐지하거나 변경시킬 수 없다.

⑩ 법정거리를 두지 않은 건물이라도 착공 후 1년이 경과하였거나 완공된 경우에는 그 변경이나 철거를 청구할 수 없다.

46. 부동산소유권의 점유취득시효에 관한 설명으로 옳은 것은?

① 자기 소유의 부동산, 국유재산 중 일반재산, 집합건물의 공용부분은 모두 시효취득의 대상이 된다.

② 1필의 토지의 일부에 대하여 분필절차 없이도 시효로 그 소유권을 취득할 수 있다.

③ 20년간 소유의 의사로 평온, 공연하게 집합건물을 구분소유한 사람은 등기함으로써 대지사용권을 취득한다.

④ 부동산에 관하여 적법·유효한 등기를 마치고 소유권을 취득한 사람이 자기 소유의 부동산을 점유하는 경우, 그 점유는 취득시효의 기초가 되는 점유라고 할 수 없다.

⑤ 시효완성자는 점유기간을 통틀어 등기명의인이 동일한 경우에는 임의의 시점을 취득시효의 기산점으로 할 수 있다.

⑥ 취득시효 진행 중에 소유자가 부동산을 제3자에게 양도하고 등기를 이전한 후 시효가 완성된 경우, 점유자는 양수인에게 시효완성을 이유로 소유권이전등기를 청구할 수 없다.

⑦ 취득시효기간 만료 전에 등기부상 소유명의가 변경된 사실은 취득시효의 중단사유가 될 수 없다.

⑧ 취득시효기간의 완성 전에 부동산에 압류나 가압류 조치가 이루어지면 취득시효는 중단된다.

⑨ 취득시효완성으로 인한 소유권이전등기청구권은 시효취득자가 점유를 상실하면 즉시 소멸한다.

⑩ 취득시효완성 당시 소유권이전등기가 무효의 등기였으나 그 후 실체관계에 부합하게 된 경우, 그 등기명의자에 대하여 취득시효완성의 주장할 수 있다.

⑪ 점유취득시효 완성 후 등기 전에 소유자가 파산선고를 받은 때에는 점유자는 파산관재인을 상대로 소유권이전등기를 청구할 수 있다.

⑫ 취득시효가 완성된 토지가 수용된 경우, 시효취득자가 대상청구권(代償請求權)의 행사로서 보상금청구권의 양도를 청구하려면 그 이행불능 전에 등기명의자에 대하여 그 권리를 주장하였거나 등기청구권을 행사하였어야 한다.

47. 乙은 甲 소유의 토지에 대해 점유취득시효를 완성하였다. 이에 관한 설명으로 옳은 것은?

① 乙이 甲으로부터 아직 소유권이전등기를 경료받지 못하였다면 甲은 乙에 대하여 점유로 인한 부당이득반환을 청구할 수 있다.

② 乙이 점유취득시효 완성을 원인으로 하는 소유권이전등기를 경료하면 乙은 그때부터 토지소유권을 취득한다.

③ 乙의 시효완성 후 甲에 의해 그 토지에 적법하게 저당권이 설정된 경우, 乙이 시효완성을 원인으로 소유권이전등기를 경료하면 乙은 저당권이 설정된 채로 소유권을 취득한다.

④ ③에서 乙이 저당권의 피담보채무를 변제하였다면 甲에게 그 변제액 상당의 구상권을 행사할 수 있다.

⑤ 乙이 소유권이전등기를 경료하지 않고 있는 동안에 甲이 그 토지를 丙에게 매도하여 丙 명의의 소유권이전등기가 경료된 경우, 乙은 丙에게 시효완성으로 대항할 수 없는 것이 원칙이다.

⑥ ⑤에서 만일 丙이 시효완성 전에 이미 설정되어 있던 가등기에 기하여 시효완성 후에 본등기를 경료하였다면 乙은 丙에게 시효완성을 주장할 수 있다.

⑦ ⑤에서 그 후 어떠한 사유로 甲에게 다시 소유권이 회복되면 乙은 甲에게 시효취득의 효과를 주장할 수 있다.

⑧ ⑤에서 丙이 소유권을 취득한 시점을 새로운 기산점으로 삼아도 다시 취득시효의 점유기간이 경과한 경우에는 乙은 2차 취득시효의 완성을 주장할 수 있다.

⑨ ⑧에서 새로운 취득시효기간 중에는 더 이상의 소유자의 변동이 없어야 한다.

⑩ 甲이 乙의 취득시효완성을 알고도 그 토지를 丙에게 매도하여 소유권이전등기를 경료해 주었다면, 乙은 甲에게 채무불이행으로 인한 손해배상을 청구할 수 있다.

⑪ ⑩에서 丙이 甲의 불법행위에 적극 가담하였다면 乙은 丙에게 직접 丙 명의의 등기의 말소를 청구할 수 있다.

⑫ 乙의 취득시효완성 후 甲이 丁에게 토지를 유효하게 명의신탁한 경우, 丁이 乙에게 소유자로서의 권리를 행사하면 乙은 취득시효의 완성을 이유로 이를 저지할 수 있다.

48. 등기부취득시효에 관한 설명으로 옳은 것은?

① 1필의 토지의 일부가 공간정보의 구축 및 관리 등에 관한 법률상 분할절차 없이 분필등기가 된 경우, 그 등기가 표상하는 부분에 대한 등기부취득시효가 인정될 수 있다.

② 등기부취득시효를 주장하는 자는 10년간 반드시 그의 명의로 등기되어 있어야 한다.

③ 부동산의 명의신탁에서 명의수탁자가 10년간 평온·공연하게 신탁부동산을 점유하면 그 소유권을 시효취득할 수 있다.

④ 등기부취득시효에 의하여 소유권을 취득하려면 10년간 계속해서 선의·무과실로 부동산을 점유하여야 한다.

⑤ 등기부취득시효를 주장하는 자는 스스로 자신의 무과실을 입증하여야 한다.

⑥ 등기부취득시효가 완성된 후에 그 등기가 불법말소되더라도 점유자는 이미 취득한 소유권을 상실하지 않는다.

49. 부합에 관한 설명으로 틀린 것은?

① 부동산에 부합하는 물건의 가격이 부동산의 가격을 초과하는 경우에도 부동산의 소유자가 부합한 물건의 소유권을 취득한다.

② 타인의 토지에 무단으로 식재한 수목의 소유권은 토지소유자에게 귀속한다.

③ 지상권, 임차권에 기하여 식재된 수목은 그 토지가 경매되더라도 경락인이 그 소유권을 취득하지 못한다.

④ 타인의 토지에 권원 없이 농작물을 경작한 경우, 그 농작물은 토지에 부합하지 않고 경작자의 소유로 귀속한다.

⑤ 임차인이 임차건물에 증축한 부분이 구조상·이용상 독립성이 없더라도 그 증축부분은 임차인의 소유로 귀속된다.

⑥ 건물의 증축부분이 기존건물에 부합된 경우에도 기존건물에 대한 경매절차에서 경매목적물로 평가되지 않았다면 경락인은 증축부분의 소유권을 취득하지 못한다.

50. 공동소유에 관한 설명으로 옳은 것은?

① 부동산 공유자는 다른 공유자의 동의 없이 자기의 지분에 저당권을 설정할 수 있다.

② 부동산 공유자가 지분을 포기하거나 상속인 없이 사망하면 그 지분은 국가에 귀속한다.

③ 공유물의 처분·변경은 공유자 지분의 과반수로 결정한다.

④ 공유물의 보존행위는 공유자 각자가 단독으로 할 수 있다.

⑤ 합유자는 자신의 지분을 자유롭게 처분할 수 있다.

⑥ 합유물을 처분하거나 변경하기 위해서는 합유자 전원의 동의가 있어야 한다.

⑦ 합유물의 보존행위는 합유자 각자가 단독으로 할 수 있다.

⑧ 합유자는 합유물의 분할을 청구하지 못하지만, 조합체 해산 시에는 분할이 인정된다.

⑨ 합유자가 사망하면 상속인이 그 지위를 승계한다.

⑩ 총유물의 보존행위는 구성원인 각 사원이 할 수 있다.

⑪ 권리능력 없는 사단의 대표자는 사원총회의 결의를 얻어 총유물의 보존을 위한 소를 제기할 수 있다.

51. 甲, 乙, 丙은 각각 3/5, 1/5, 1/5의 지분으로 X토지를 공유하고 있다. 다음 설명 중 틀린 것은?

① 乙과 丙은 甲으로부터 X토지의 사용·수익을 허락받은 丁에 대하여 X토지의 반환을 청구할 수 없으나, 각자 자신의 지분에 상응하는 임료 상당의 부당이득반환을 청구할 수는 있다.

② 甲이 乙, 丙과의 협의 없이 X토지의 특정부분을 배타적으로 사용·수익하기로 정하는 것도 공유물의 관리방법으로 적법하다.

③ ②에서 乙과 丙은 甲에 대하여 자신의 지분에 상응하는 임료 상당액을 부당이득으로 반환할 것을 청구할 수 있다.

④ 甲이 X토지에 건물을 신축하는 것도 공유물의 관리방법으로 적법하므로, 乙이나 丙은 이에 대해 이의를 제기할 수 없다.

⑤ 丙이 甲, 乙과의 협의 없이 X토지의 전부 또는 일부를 독점적으로 점유·사용하는 경우, 乙은 丙을 상대로 공유물의 보존행위로서 X토지의 인도를 청구할 수 있다.

⑥ 공유자 1인의 보존권 행사의 결과가 다른 공유자의 이해와 충돌하는 경우, 그 보존권 행사는 공유물의 보존행위로 볼 수 없다.

⑦ ⑤에서 X토지를 단독으로 점유하는 丙은 공유물관리를 위한 甲의 X토지에 대한 인도청구를 공유물의 사용수익권으로 거부할 수 있다.

⑧ 甲이 부정한 방법으로 X토지 전부에 관한 소유권이전등기를 단독명의로 마친 경우, 乙이나 丙은 그 등기 전부의 말소를 청구할 수 있다.

⑨ X토지에 戊의 명의로 원인무효의 소유권이전등기가 경료된 경우, 甲, 乙, 丙은 각자 단독으로 戊에 대하여 그 등기 전부를 말소할 것을 청구할 수 있다.

⑩ 乙의 지분에 관하여 戊의 명의로 원인무효의 등기가 이루어진 경우, 丙은 공유물의 보존행위로서 그 등기의 말소를 청구할 수 있다.

⑪ 공유자 중 1인이 다른 공유자의 지분권을 대외적으로 주장하는 행위는 공유물의 보존행위로 볼 수 없다.

⑫ 만일 甲이 단독으로 X토지를 戊에게 매도하여 소유권이전등기를 경료해 주었다면, 乙이나 丙은 戊에 대하여 그 등기 전부에 대한 말소를 청구할 수 있다.

⑬ 戊가 X토지를 불법점유하는 경우, 甲, 乙, 丙은 각자 단독으로 戊에 대하여 X토지 전부의 인도를 청구할 수 있다.

⑭ ⑬에서 甲, 乙, 丙은 각자 자신의 지분에 대응하는 비율의 한도 내에서만 戊를 상대로 손해배상을 청구할 수 있다.

⑮ 甲, 乙, 丙은 공유물분할청구권을 가지는데, 이는 형성권으로서 공유관계가 존속하는 한 독립하여 시효로 소멸되지 않는다.

⑯ 甲, 乙, 丙 간에 분할에 관한 협의가 성립한 경우에도 그 중 일부가 그에 따른 이전등기에 협조하지 않는 때에는 甲, 乙, 丙은 공유물분할청구의 소를 제기할 수 있다.

⑰ 재판상 분할의 경우에는 대금분할을 하는 것이 원칙이다.

⑱ 丙의 지분 위에 설정되어 있던 저당권은 甲, 乙, 丙이 분할받은 각 토지 위에 종전 지분비율대로 그대로 존속하고, 분할된 각 토지는 저당권의 공동담보가 된다.

52. 甲과 乙은 토지의 위치와 면적을 특정하여 구분소유하기로 약정하고 1필지의 토지를 공동매수한 후, 분필에 의한 소유권이전등기를 하지 않고 그 필지 전체에 관하여 양수한 부분의 면적비율에 상응하는 공유지분등기를 하였다. 다음 설명 중 옳은 것은?

① 甲과 乙은 토지의 전부를 지분의 비율로 사용할 수 있다.

② 甲이 특정하여 매수한 토지부분을 처분하는 경우, 乙의 동의를 얻을 필요가 없다.

③ 乙이 특정하여 매수한 토지부분을 丙이 무단으로 점유하는 경우, 甲은 丙에게 토지 전부의 반환을 청구할 수 있다.

④ 甲과 乙은 언제든지 공유물의 분할을 청구할 수 있다.

53. 지상권에 관한 설명으로 옳은 것은?

① 토지의 소유자가 아니어서 처분권한이 없는 자는 지상권설정계약을 체결할 수 없다.

② 지료의 지급은 지상권성립의 요소가 아니다.

③ 기존의 연와조 건물의 사용을 목적으로 설정되는 지상권은 그 존속기간을 30년 미만으로 정할 수 있다.

④ 지상권자가 지상권의 존속기간 만료 후 지체없이 행사하지 않아 지상권갱신청구권이 소멸한 경우에는 지상물매수청구권은 발생하지 않는다.

⑤ 지상권자는 토지소유자의 동의가 있어야 지상권을 양도할 수 있다.

⑥ 지상권의 양도나 담보제공은 특약에 의해 금지할 수 있다.

⑦ 지상권자는 지상물과 지상권 중 어느 한쪽만 처분할 수 있다.

⑧ 지상권자와 지상물의 소유자는 반드시 일치하여야 한다.

⑨ 지상권자가 종전 소유자와 지료를 늘리지 않는다는 특약을 맺은 경우 이를 가지고 새로운 소유자에게 대항하기 위해서는 그 등기를 하고 있어야 한다.

⑩ 토지소유자가 지상권자로부터 연체된 지료의 일부를 받아 연체된 지료가 2년 미만으로 된 경우, 토지소유자는 지료연체를 이유로 지상권소멸을 청구할 수 없다.

⑪ 지상권자의 지료지급 연체가 토지소유권의 양도 전후에 걸쳐 이루어진 경우, 양수인은 양도인에 대한 지료연체액을 합산하여 2년의 지료가 연체되면 지상권의 소멸을 청구할 수 있다.

⑫ 저당권이 설정된 나대지의 담보가치 하락을 막기 위해 저당권자 명의의 지상권이 설정된 경우, 피담보채권이 변제로 소멸하면 지상권도 그에 부종하여 소멸한다.

⑬ 토지저당권과 함께 무상의 담보지상권을 취득한 채권자는 건물을 신축하는 제3자에게 저당권에 기한 방해배제청구로서 건물철거 및 대지인도를 청구할 수 있다.

⑭ ⑬에서 채권자는 제3자에 대하여 지상권의 침해를 이유로 임료 상당의 손해배상을 청구할 수 있다.

54. 구분지상권, 분묘기지권, 관습상의 법정지상권에 관한 설명으로 틀린 것은?

① 구분지상권은 건물 기타 공작물 및 수목을 소유하기 위해 설정할 수 있다.

② 승낙형 분묘기지권의 경우, 분묘기지권 성립 당시 토지소유자와 지료에 관한 약정을 하였다면 그 약정의 효력은 분묘기지의 승계인에게는 미치지 않는다.

③ 분묘기지권의 시효취득에 관한 관습법은 「장사 등에 관한 법률」 시행 이전에 설치된 분묘에 관해서는 여전히 법적 규범으로 유지되고 있다.

④ 분묘기지권을 시효취득한 경우, 토지소유자가 지료를 청구하면 분묘기지권자는 분묘 기지권이 성립한 날부터의 지료를 지급해야 한다.

⑤ 양도형 분묘기지권의 경우, 분묘기지권자는 분묘기지권이 성립한 때부터 지료지급 의무를 부담한다.

⑥ 분묘기지권을 취득한 자가 판결에 따라 정해진 지료를 판결확정 전후에 걸쳐 2년분 이상 지체한 경우, 토지소유자는 분묘기지권의 소멸을 청구할 수 있다.

⑦ 강제경매로 인한 관습법상 법정지상권이 인정되기 위해서는 매각대금 완납 시를 기준 으로 해서 토지와 그 지상건물이 동일인의 소유에 속하여야 한다.

⑧ 가압류 후 본압류 및 강제경매가 이루어지는 경우, 관습법상 법정지상권의 성립요건 인 토지와 건물의 소유자의 동일성 판단은 가압류의 효력발생 시를 기준으로 한다.

⑨ 관습법상의 법정지상권 발생을 배제하는 특약의 존재에 관한 주장·증명책임은 그 특약의 존재를 주장하는 측에 있다.

55. 관습법상 법정지상권이 성립하는 경우는?

① 미등기건물을 대지와 함께 매도하여 대금이 완납되었으나 건물이 미등기인 관계로 대지에 관하여만 매수인 앞으로 소유권이전등기가 경료된 경우

② 미등기건물을 대지와 함께 양수한 사람이 대지에 대해서만 소유권이전등기를 넘겨 받은 뒤 그 대지가 경매된 경우

③ 토지를 매수하여 이전등기를 마친 매수인이 그 지상에 건물을 신축하였으나, 그 후 토지매매가 무효로 밝혀져 등기가 말소됨으로써 건물과 토지의 소유자가 달라진 경우

④ 토지와 건물의 소유자가 건물만을 타인에게 양도하면서 따로 대지에 대한 임대차계약 을 체결한 경우

⑤ 나대지에 담보가등기가 경료된 상태에서 대지소유자가 그 지상에 건물을 신축하였 는데, 그 후 가등기에 기한 본등기로 인해 대지와 건물의 소유자가 달라진 경우

⑥ 나대지에 환매특약등기가 마쳐진 상태에서 대지소유자가 그 지상에 건물을 신축하였 는데, 그 후 환매권의 행사로 인해 대지와 건물의 소유자가 달라진 경우

⑦ 토지공유자 중 1인이 다른 공유자 지분 과반수의 동의를 얻어 건물을 건축한 후 경매로 인하여 토지와 건물의 소유자가 달라진 경우

⑧ 토지공유자 중 1인이 공유하는 토지 위에 건물을 소유하고 있다가 토지의 지분만을 타인에게 양도한 경우

⑨ 공유토지 위에 공유자 중 1인 소유의 건물이 있었는데, 토지의 분할로 건물과 대지의 소유자가 달라진 경우

⑩ 甲과 乙이 1필의 대지를 구분소유적으로 공유하던 중에 甲이 자기 몫으로 점유하던 특정부분에 건물을 신축하였는데, 乙이 강제경매로 대지에 관한 甲의 지분을 취득한 경우

56. 법정지상권 성립 후의 법률관계에 관한 설명으로 옳은 것은?

① 법정지상권에 관한 지료가 결정된 바 없다면 법정지상권자가 2년 이상의 지료를 지급하지 않았더라도 토지소유자는 지료연체를 이유로 지상권의 소멸을 청구할 수 없다.

② 지료액수가 판결에 의하여 정해진 경우, 토지소유자는 지상권자가 판결확정일로부터 2년 이상 지료의 지급을 지체하여야 지상권의 소멸을 청구할 수 있다.

③ 법정지상권이 성립한 후 건물이 증·개축되거나 신축된 경우에도 법정지상권은 여전히 인정되지만, 그 범위는 구 건물을 기준으로 하여 정해진다.

④ 법정지상권은 등기 없이 취득하지만, 등기를 하지 않고서는 토지소유권을 취득한 제3자에게 대항할 수 없다.

⑤ 법정지상권이 붙은 건물이 제3자에게 양도된 경우, 양수인이 건물의 소유권을 취득하면 법정지상권도 당연히 취득한다.

⑥ 법정지상권이 붙은 건물의 양수인으로서 장차 법정지상권을 취득할 지위에 있는 자에 대하여 대지소유자가 건물의 철거나 대지의 인도를 청구하는 것은 신의성실의 원칙상 허용될 수 없다.

⑦ ⑥에서 건물의 양수인이 대지를 점유·사용함으로 인하여 얻은 이득은 대지소유자에 대한 관계에서 부당이득이 아니다.

⑧ 법정지상권이 붙은 건물을 경매에 의하여 취득한 자는 건물의 경락취득과 함께 법정지상권도 당연히 취득한다.

57. 지역권에 관한 설명으로 틀린 것은?

① 지상권자나 전세권자도 자기가 이용하는 토지를 위하여 또는 그 토지 위에 지역권을 설정할 수 있다.

② 요역지는 1필의 토지의 일부라도 무방하나, 승역지는 반드시 1필의 토지이어야 한다.

③ 지역권은 배타적인 물권이므로 하나의 승역지에 수개의 지역권은 설정될 수 없다.

④ 지역권은 요역지소유권에 부종하여 이전하지만, 지역권의 이전을 위해서는 지역권 이전등기를 하여야 한다.

⑤ 지역권은 어떤 경우에도 요역지와 분리하여 양도하거나 다른 권리의 목적으로 할 수 없다.

⑥ 토지공유자의 1인은 자신의 지분에 관하여 그 토지를 위한 지역권 또는 그 토지가 부담한 지역권을 소멸시킬 수 있다.

⑦ 요역지의 공유자 중 1인이 지역권을 취득한 때에는 다른 공유자도 이를 취득한다.

⑧ 요역지의 공유자 중 1인에 의한 지역권 소멸시효의 중단은 다른 공유자에게는 효력이 없다.

⑨ 점유로 인한 지역권취득기간의 중단은 지역권을 행사하는 모든 공유자에 대한 사유가 아니면 효력이 없다.

⑩ 지역권은 계속되고 표현된 것에 한하여 취득시효의 대상이 된다.

⑪ 일정한 장소를 오랜 시일 동안 통행한 사실이 있다면 통로의 개설이 없더라도 통행지역권을 시효취득할 수 있다.

⑫ 타인 소유의 토지를 통행로로 이용했을 뿐 스스로 자신의 대지를 위한 통행로로 개설한 사실이 인정되지 않는 경우, 통행지역권의 시효취득을 인정할 수 없다.

⑬ 요역지의 불법점유자는 통행지역권을 시효취득할 수 없다.

⑭ 통행지역권을 시효취득한 경우, 요역지 소유자는 승역지 소유자가 입은 손해를 보상할 의무가 없다.

⑮ 지역권자에게는 승역지에 대한 반환청구권이 인정되지 않는다.

⑯ 승역지 소유자는 지역권에 필요한 부분의 토지소유권을 지역권자에게 위기(委棄)함으로써 계약상 부담하는 공작물의 설치·수선의무를 면할 수 있다.

58. 전세권에 관한 설명으로 틀린 것은?

① 전세금은 반드시 현실적으로 수수되어야 하고, 기존의 채권으로 그 지급에 갈음할 수 없다.

② 전세목적물이 양도된 경우, 전세권자는 전세권이 소멸한 때에 양도인에게 전세금의 반환을 청구하여야 한다.

③ 전세권자의 전세목적물에 대한 사용·수익을 완전히 배제하는 것이 아니라면 주로 채권담보의 목적으로 전세권을 설정하는 것도 가능하다.

④ 전세권자의 사용·수익을 배제하고 채권담보만을 목적으로 설정한 전세권은 무효이다.

⑤ 건물전세권이 법정갱신된 경우, 전세권자는 갱신에 관한 등기 없이도 건물소유권을 취득한 제3자에게 대항할 수 있다.

⑥ 건물전세권이 법정갱신된 경우, 그 존속기간은 전(前)전세권의 약정기간과 동일하다.

⑦ 전세권자는 전세권설정자에 대하여 목적물의 현상을 유지하기 위하여 지출한 필요비의 상환을 청구할 수 있다.

⑧ 전세권자가 목적물에 유익비를 지출한 경우, 자신의 선택에 따라 지출액이나 증가액의 상환을 청구할 수 있다.

⑨ 타인의 토지에 있는 건물에 전세권을 설정한 경우, 전세권의 효력은 그 건물의 소유를 목적으로 한 지상권 또는 임차권에 미친다.

⑩ 건물의 전세권설정자가 건물의 존립을 위한 토지사용권을 갖지 못하여 토지소유자의 건물철거청구에 대항할 수 없는 경우, 건물의 전세권자도 토지소유자의 퇴거청구에 대항할 수 없다.

⑪ 동일인 소유의 대지와 건물 중 건물에 전세권을 설정한 때에는 대지소유권의 특별승계인은 전세권자에 대하여 지상권을 설정한 것으로 본다.

⑫ 전세권자는 전세권설정자의 동의 없이 전세권을 양도하거나 담보로 제공할 수 있다.

⑬ 전세권의 양도나 담보제공을 금지하는 특약은 무효이다.

⑭ 전세권이 존속하는 동안 전세금반환채권만을 전세권과 분리하여 확정적으로 양도하는 것은 허용되지 않는다.

⑮ 전세권 존속 중에도 장래 전세권이 소멸하는 경우에 전세금반환채권이 발생하는 것을 조건으로 장래의 전세금반환채권을 양도할 수 있다.

⑯ 전세권의 존속기간이 만료되면 전세권의 용익물권적 권능은 전세권설정등기의 말소 없이도 당연히 소멸한다.

⑰ 존속기간이 만료된 전세권도 전세금반환채권과 함께 담보물권으로서 제3자에게 양도할 수 있다.

⑱ 저당권의 목적이 된 전세권이 기간만료로 소멸한 경우, 저당권자는 전세권 자체에 대하여 저당권을 실행할 수 있다.

⑲ 전세권이 설정된 건물의 일부가 구조상·이용상의 독립성이 없어 구분소유권의 객체로 분할할 수 없는 때에는 전세권자는 건물 전체에 대하여 전세권에 기한 경매를 청구할 수 있다.

⑳ 독립성이 없는 건물의 일부에 전세권이 설정된 경우, 전세권자는 건물 전부의 환가대금으로부터 전세금의 우선변제를 받을 권리가 있다.

㉑ 토지임차인의 지상물매수청구권에 관한 민법 규정은 토지의 전세권자에게도 유추적용된다.

59. 유치권의 성립에 관한 설명으로 옳은 것은?

① 수급인은 특별한 사정이 없는 한 자신의 재료와 노력으로 건축한 건물에 대해서는 유치권을 행사할 수 없다.

② 채권자는 채무자를 직접점유자로 하여 자신이 간접점유함으로써 유치권을 행사할 수 있다.

③ 점유가 불법행위로 인한 경우에는 유치권이 성립할 수 없다.

④ 건물임대차에서 원상복구특약이 있는 경우, 임차인은 유익비상환청구권을 피담보채권으로 하여 임차건물에 대한 유치권을 행사할 수 없다.

⑤ 임차인은 보증금반환청구권이나 권리금반환청구권에 기하여 임차물에 대한 유치권을 행사할 수 있다.

⑥ 부속물매수청구권을 행사한 건물임차인은 부속물에 대한 매매대금을 받기 위하여 임차건물을 유치할 수 있다.

⑦ 건물신축공사의 수급인에게 건축자재를 공급한 자는 그 자재대금채권을 변제받기 위하여 신축된 건물을 유치할 수 있다.

⑧ 매도인은 매매대금채권을 피담보채권으로 하여 매매목적물에 대한 유치권을 주장할 수 있다.

⑨ 목적물과 견련관계가 없는 채권도 특약에 의해 유치권의 피담보채권이 될 수 있다.

⑩ 물건을 점유하기 전에 그 물건에 관한 채권을 취득한 자는 나중에 그 물건을 점유하더라도 유치권을 취득하지 못한다.

⑪ 유익비상환청구권에 기한 유치권은 법원에 의해 상환기한이 허여되면 소멸한다.

⑫ 유치권을 미리 포기하는 특약은 무효이다.

⑬ 유치권배제특약에 따른 효력은 특약의 상대방만 주장할 수 있고, 그 밖의 사람은 주장할 수 없다.

⑭ 유치권배제특약에는 조건을 붙일 수 없다.

60. 유치권의 효력과 소멸에 관한 설명으로 옳은 것은?

① 유치물이 분할가능한 경우, 채무자가 피담보채무의 일부를 변제하면 그 범위에서 유치권은 일부 소멸한다.

② 유치권에는 물상대위가 인정되지 않는다.

③ 물건인도청구소송에서 피고의 유치권항변이 인용되는 경우, 법원은 원고패소판결을 선고하여야 한다.

④ 유치권자는 채권의 변제를 받기 위하여 유치물을 경매할 수 없다.

⑤ 저당권설정 이후에 취득한 유치권은 경매절차에서 매각으로 소멸한다.

⑥ 유치권자는 경락인에 대하여 피담보채권의 변제를 청구할 수 있다.

⑦ 부동산에 강제경매개시결정의 기입등기가 경료되어 압류의 효력이 발생한 후에 유치권을 취득한 자는 그 유치권을 내세워 경락인에게 대항할 수 없다.

⑧ 부동산에 경매개시결정 기입등기가 되기 전에 유치권을 취득한 자는 그 취득에 앞서 저당권설정등기나 가압류등기가 되어 있는 경우에도 그 유치권으로 경락인에게 대항할 수 있다.

⑨ 유치권자는 유치물의 보존에 필요하더라도 채무자의 승낙 없이는 유치물을 사용할 수 없다.

⑩ 공사대금채권에 기하여 유치권을 행사하는 자가 스스로 유치물인 주택에 거주하며 사용하는 것은 유치물의 보존에 필요한 사용에 해당한다.

⑪ ⑩에서 유치권자는 소유자에 대하여 불법점유로 인한 손해배상책임이나 차임 상당의 부당이득반환의무를 지지 않는다.

⑫ 유치권자가 유치물에 지출한 필요비나 유익비에 대한 상환청구권을 담보하기 위한 유치권도 인정된다.

⑬ 유치권자는 유치물의 점유를 침탈한 자에 대하여 유치권에 기하여 반환을 청구할 수 있다.

⑭ 유치권자가 유치물의 점유를 침탈당한 경우, 1년 내에 점유회수의 소를 제기하여 승소하면 점유를 회복하지 않더라도 유치권은 되살아난다.

⑮ 유치권자가 소유자의 승낙 없이 제3자에게 유치물을 임대한 경우, 임차인은 소유자에게 임대차의 효력을 주장할 수 없다.

⑯ 유치권을 행사하는 동안에는 피담보채권의 소멸시효가 진행하지 않는다.

⑰ 채무자가 아닌 유치물의 소유자도 상당한 담보를 제공하고 유치권의 소멸을 청구할 수 있다.

⑱ 유치권자가 유치권성립 후에 이를 포기하는 의사표시를 한 경우에도 점유를 반환하여야 유치권이 소멸한다.

61. 저당권의 성립에 관한 설명으로 옳은 것은?

① 채권계약이 무효 또는 취소되면 저당권설정계약도 실효된다.

② 저당권설정자는 반드시 채무자이어야 한다.

③ 채권자, 채무자, 제3자 사이에 합의가 있고 채권이 실질적으로 제3자에게 귀속되었다고 볼 수 있는 특별한 사정이 있으면 제3자 명의의 저당권설정등기도 유효하다.

④ 1필지의 일부나 공유지분에 대해서도 저당권을 설정할 수 있다.

⑤ 지상권, 지역권, 전세권, 광업권, 어업권은 저당권의 객체가 될 수 있다.

⑥ 저당권의 피담보채권은 반드시 금전채권이어야 한다.

62. 저당권의 효력과 소멸에 관한 설명으로 옳은 것은?

① 저당권설정 후에 저당부동산에 부합된 물건에는 저당권의 효력이 미치지 않는다.

② 토지저당권의 효력은 지상권자가 심은 수목에 미친다.

③ 토지저당권의 효력은 제3자가 무단으로 경작한 수확기의 농작물에 미친다.

④ 건물에 대한 저당권의 효력은 그 건물의 임차인이 건물의 상용(常用)에 공(供)하기 위하여 부속시킨 물건에 미친다.

⑤ 토지임차인이 임차지상에 신축한 건물에 저당권을 설정한 경우, 그 저당권이 실행되면 특별한 사정이 없는 한 토지임차권도 건물소유권과 함께 경락인에게 이전된다.

⑥ 구분건물의 전유부분에 설정된 저당권의 효력은 특별한 사정이 없는 한 그 대지사용권에까지 미친다.

⑦ 저당권의 효력이 부합물이나 종물에 미치지 않는다는 당사자 간의 약정은 이를 등기하여야 제3자에게 대항할 수 있다.

⑧ 저당권의 효력은 저당부동산에 대한 압류가 있기 전에 저당권설정자가 그 부동산으로부터 수취한 과실에 미친다.

⑨ 토지에 대한 저당권이 설정된 후에 그 토지 위에 건물이 신축된 경우, 토지저당권의 효력은 그 건물에 미친다.

⑩ 물상대위를 위한 압류는 반드시 저당권자가 스스로 해야 한다.

⑪ 수용대상토지에 대한 저당권자가 물상대위권 행사에 나아가지 않아 다른 채권자가 그 보상금으로부터 이득을 얻은 경우, 저당권자는 이를 부당이득으로 반환청구할 수 있다.

⑫ 저당권자가 불상대위권의 행사로 금전 또는 물건의 인노청구권을 압류하기 선에 저낭목적물의 소유자가 금전 등을 수령하였다면, 저당권자는 소유자에게 피담보채권액 상당에 대한 부당이득반환을 청구할 수 있다.

⑬ 저당물이 매매된 경우, 그 매매대금에 대해서는 물상대위를 인정할 필요가 없다.

⑭ 저당토지가 「공익사업을 위한 토지 등의 취득 및 보상에 관한 법률」에 따라 협의취득된 경우, 저당권자는 그 보상금에 대하여 물상대위를 할 수 있다.

⑮ 등기된 이자는 1년분에 한하여 저당권에 의해 담보된다.

⑯ 원본의 반환이 2년간 지체된 경우, 채무자는 원본 및 지연배상금 1년분을 변제하면 저당권등기의 말소를 청구할 수 있다.

⑰ 저당권은 피담보채권과 분리하여 타인에게 양도할 수 없다.

⑱ 저당권은 순위에 관계없이 경매절차에서 매각으로 소멸한다.

⑲ 저당권설정 후 저당목적물의 소유권이 제3자에게 이전된 경우, 종전 소유자는 피담보채무가 소멸하더라도 저당권설정등기의 말소를 청구할 수 없다.

63. 저당권의 우선변제적 효력에 관한 설명으로 틀린 것은?

① 주택에 대한 경매신청등기 전에 대항요건을 구비한 소액임차인은 보증금 중 일정액을 저당권자보다 우선하여 변제받는다.

② 최종 3월분 임금과 재해보상금은 저당권부채권에 우선한다.

③ 저당목적물에 부과된 당해세(상속세, 증여세)는 그 법정기일 전에 설정된 저당채권에 우선하여 징수한다.

④ 주택임차인(보증금 2억 원)의 입주 및 전입신고, 확정일자 구비와 저당권설정등기가 모두 같은 날에 이루어졌다면 주택임차인과 저당권자는 배당에 있어서 동순위이다.

⑤ 가압류등기가 먼저 되고 저당권이 설정된 때에도 저당권자는 가압류채권자보다 우선하여 변제받을 권리가 있다.

64. 저당물의 제3취득자에 관한 설명으로 틀린 것은?

① 저당물의 소유권을 취득한 제3자도 경매절차에서 매수인이 될 수 있다.

② 저당부동산의 제3취득자는 저당권설정자의 의사에 반하여도 피담보채무를 변제하고 저당권의 소멸을 청구할 수 있다.

③ 저당부동산의 후순위 저당권자는 선순위 저당권의 피담보채권을 변제하고 그 저당권의 소멸을 청구할 수 있는 저당물의 제3취득자에 해당한다.

④ 저당물의 제3취득자가 저당물의 보존, 개량을 위하여 필요비 또는 유익비를 지출한 때에는 저당물의 경매대가에서 우선상환을 받을 수 있다.

⑤ 저당물의 제3취득자는 직접 경락인에 대하여 비용상환청구를 할 수 있다.

⑥ 저당물의 소유권을 취득한 제3취득자는 제367조에 의한 비용상환청구권을 피담보채권으로 삼아 유치권을 행사할 수 있다.

65. 甲은 乙에게 자신의 X토지에 대한 저당권을 설정해 준 후 X토지 위에 Y건물을 신축하였다. 乙이 X토지에 대한 저당권을 실행하는 경우의 법률관계에 관한 설명으로 틀린 것은?

① 乙이 X토지에 대한 저당권을 실행하여 X토지와 Y건물의 소유자가 달라진 경우, X토지의 경락인은 甲에게 Y건물의 철거를 청구할 수 있다.

② 甲이 Y건물을 신축하여 소유하고 있다면 乙은 X토지와 함께 Y건물에 대하여도 일괄경매를 청구할 수 있다.

③ ②에서 乙이 X토지만 경매하여도 그 매각대금으로부터 충분히 채권을 변제받을 수 있는 때에는 Y건물에 대한 일괄경매청구가 허용되지 않는다.

④ 만일 乙이 甲 소유의 토지에 저당권을 취득하기 전에 이미 X토지 위에 甲의 Y건물이 존재하고 있었다면 乙은 일괄경매청구를 할 수 없다.

⑤ 甲이 Y건물을 신축한 후 제3자에게 처분하여 X토지와 Y건물의 소유자가 달라진 경우에도 乙은 일괄경매를 청구할 수 있다.

⑥ 만일 Y건물이 甲으로부터 토지를 임차한 丙이 신축한 것이라면 乙의 일괄경매청구는 허용되지 않는다.

⑦ ⑥에서 甲이 丙으로부터 Y건물을 매수하여 소유권을 취득한 경우에는 乙의 일괄경매 청구가 허용된다.

⑧ 일괄경매의 경우 乙은 X토지와 Y건물의 경매대가로부터 자기 채권의 우선변제를 받을 수 있다.

66. 저당권실행경매로 인한 법정지상권(제366조)이 성립하는 경우는?

① 나대지에 저당권이 설정된 후 저당권설정자가 그 토지 위에 건물을 건축하였는데 그 후 저당권이 실행된 경우

② 건물의 규모나 종류를 외형상 예상할 수 있을 정도로 건축이 진전된 토지에 저당권이 설정되었다가, 그 후 독립된 건물의 요건을 갖춘 상태에서 저당권이 실행된 경우

③ 미등기건물을 대지와 함께 매수한 자가 대지에 관하여만 소유권이전등기를 경료한 상태에서 대지에 대하여 설정한 저당권이 실행된 경우

④ 토지에 저당권을 설정할 당시에는 토지와 건물이 동일인의 소유였는데, 건물이 타인에게 양도되어 토지와 건물의 소유자가 달라진 상태에서 저당권이 실행된 경우

⑤ 동일인 소유의 토지와 건물에 대해 공동저당권이 설정된 후 건물이 철거되고 새로 건물이 신축된 상태에서 저당물의 경매로 토지와 건물의 소유자가 달라진 경우

⑥ 동일인 소유의 토지와 건물 중 토지에 대해서만 저당권이 설정된 후 건물이 철거되고 새로 건물이 신축된 상태에서 저당물의 경매로 토지와 건물의 소유자가 달라진 경우

⑦ 토지공유자 중 1인이 그 토지 위에 건물을 소유하고 있다가 토지의 공유지분에 대해 설정한 저당권이 실행된 경우

⑧ 구분소유적 공유관계에 있는 토지공유자들이 그 토지 위에 각자 독자적으로 별개의 건물을 소유하면서 그 건물 또는 토지지분에 대해 저당권을 설정하였다가 저당권의 실행으로 소유자가 달라진 경우

67. 저당권의 침해에 대한 구제에 관한 설명으로 옳은 것은?

① 저당권자는 저당물에 대한 반환청구권을 갖지 못한다.

② 저당물에 제3자 명의로 원인무효의 소유권이전등기가 있는 경우, 저당권자는 그 등기의 말소를 청구할 수 있다.

③ 선순위 저당권의 피담보채무가 소멸된 경우, 후순위 저당권자는 저당권에 기한 방해배제로서 그 등기말소를 청구할 수 있다.

④ 저당권설정등기가 원인 없이 불법말소되더라도 저당권자가 곧바로 저당권상실의 손해를 입는 것은 아니다.

⑤ 불법말소된 저당권등기가 회복되기 전에 목적부동산에 대한 경매가 행하여져 매수인이 매각대금을 완납한 경우, 저당권자는 그 말소등기의 회복등기를 청구할 수 있다.

⑥ 저당권설정자의 책임 없는 사유로 저당물의 가액이 현저히 감소된 경우, 저당권자는 저당물의 보충을 청구할 수 있다.

68. 근저당권에 관한 설명으로 틀린 것은?

① 피담보채권이 확정되기 전에는 채권이 일시적으로 소멸하거나 채권의 일부가 타인에게 양도되더라도 근저당권은 소멸하거나 양수인에게 이전하지 않는다.

② 근저당권설정등기에는 근저당권이라는 취지와 채권최고액 및 근저당권의 존속기간을 명시하여야 한다.

③ 채권최고액이란 근저당권자인 채권자가 우선변제를 받을 수 있는 한도를 의미하는 것이지, 채무자의 책임의 한도를 의미하는 것이 아니다.

④ 이자는 등기된 경우에 한하여 근저당에 의해 담보된다.

⑤ 지연이자(지연배상)는 1년분에 한하여 근저당에 의해 담보된다.

⑥ 실행비용도 채권최고액에 포함되어 담보된다.

⑦ 근저당권의 존속기간이나 기본계약의 결산기의 정함이 없는 때에는 근저당권설정자는 언제든지 해지의 의사표시를 함으로써 피담보채무를 확정시킬 수 있다.

⑧ 근저당권자의 경매신청으로 피담보채권이 확정된 이후에 새로운 거래관계에서 발생한 원본채권은 그 근저당권에 의해 담보되지 않는다.

⑨ ⑧에서 확정 전에 발생한 원본채권에 관하여 확정 후에 발생하는 이자나 지연손해금채권은 채권최고액의 범위 내에서 근저당권에 의하여 여전히 담보된다.

⑩ 후순위 근저당권자가 경매를 신청한 경우, 선순위 근저당권의 피담보채권은 경락인이 경락대금을 완납한 때에 확정된다.

⑪ 근저당권자가 경매신청을 하여 법원의 경매개시결정이 있은 후에 경매신청을 취하한 경우, 경매신청으로 인한 피담보채무 확정의 효과는 번복된다.

⑫ 확정된 채권액이 채권최고액을 초과하는 경우, 근저당권설정자인 채무자는 최고액까지만 변제하고 근저당권설정등기의 말소를 청구할 수 있다.

⑬ ⑫에서 물상보증인은 채권최고액만 변제하면 근저당권설정등기의 말소를 청구할 수 있고, 최고액을 초과하는 부분의 채권액까지 변제할 의무는 없다.

⑭ 근저당권의 피담보채무가 확정되기 전이라면 채무의 범위나 채무자를 변경할 수 있다.

⑮ 공동근저당권의 목적부동산의 경매대가를 동시에 배당하는 경우, 공동근저당권자는 각 부동산의 환가대금으로부터 채권최고액만큼 반복하여 누적적으로 배당받을 수 있다.

⑯ 공동근저당권자가 목적 부동산 중 일부 부동산에 대하여 제3자가 신청한 경매절차에 참가하여 우선배당을 받은 경우, 나머지 목적 부동산에 관한 근저당권의 피담보채권 도 확정된다.

⑰ 공동근저당권자가 공동담보의 목적 부동산 중 일부의 환가대금으로부터 채권의 일부를 우선변제받은 경우, 나머지 부동산에 대하여 행사할 수 있는 우선변제권의 범위는 최초의 채권최고액에서 우선변제받은 금액을 공제한 나머지 채권최고액이다.

69. 乙은 甲에게 1억 원을 빌려주면서 그 채권의 담보로 X건물과 Y토지에 각각 1순위 저당권을 설정받았다. 그 후 甲이 변제기에 변제를 하지 않아 乙이 저당권을 실행하여 X건물은 9천만 원에, Y토지는 6천만 원에 매각되었다. 이에 관한 설명으로 틀린 것은?

> (가) X건물과 Y토지가 모두 채무자 甲의 소유인 경우
> (나) X건물은 채무자 甲의 소유이고, Y토지는 물상보증인 丙의 소유인 경우

① (가)에서 각 부동산의 경매대가를 동시에 배당하는 경우, 乙은 X건물의 경매대가에서 6천만 원을, Y토지의 경매대가에서 4천만 원을 각각 배당받는다.

② ①에서의 안분배당의 법리는 후순위 저당권자의 존재 여부와 상관없이 적용된다.

③ (나)에서 각 부동산의 경매대가를 동시에 배당하는 경우, 乙은 X건물의 경매대가에서 9천만 원을, Y토지의 경매대가에서 1천만 원을 배당받는다.

④ (가)에서 X건물의 경매대가를 먼저 배당하는 경우, 乙은 그 경매대가인 9천만 원 전액을 배당받을 수 있다.

⑤ ④에서 X건물의 차순위 저당권자는 乙을 대위하여 Y토지에 대한 저당권을 행사할 수 있다.

⑥ (나)에서도 ⑤에서와 같은 차순위 저당권자의 대위가 인정된다.

⑦ (나)에서 만일 乙이 Y토지를 먼저 경매하여 채권 전액을 변제받았다면 甲은 乙에 대하여 피담보채무의 소멸을 들어 X건물에 대한 乙 명의의 저당권설정등기의 말소를 청구할 수 있다.

70. 계약의 성립에 관한 설명으로 옳은 것은?

① 계약이 성립하기 위해서는 계약의 내용을 이루는 모든 사항에 관하여 의사의 합치가 있어야 한다.

② 계약의 본질적인 내용에 대하여 숨은 불합의가 있는 경우, 당사자는 착오를 이유로 계약을 취소할 수 있다.

③ 아파트나 상가의 분양광고의 내용은 청약으로서의 성질을 갖는 것이 일반적이다.

④ 청약과 승낙은 모두 그 상대방이 특정되어야 한다.

⑤ 승낙기간을 정하지 않은 청약은 청약으로서의 효력이 없다.

⑥ 청약이 상대방에게 도달하더라도 그 전에 청약자가 사망하거나 제한능력자가 된 경우에는 그 청약은 효력이 생기지 않는다.

⑦ 청약에 대하여 상대방이 조건을 붙이거나 변경을 가하여 승낙한 때에는 원래의 청약은 효력을 잃는다.

⑧ 승낙이 연착된 경우에는 청약자가 이에 대해 다시 승낙을 하더라도 계약이 성립할 수 없다.

⑨ 격지자 간의 계약은 승낙의 통지를 발송한 때에 성립한다.

⑩ 승낙기간을 10월 20일로 하는 甲의 청약을 받은 乙이 10월 8일에 발송한 승낙통지가 10월 22일에야 甲에게 도달한 경우, 甲이 발송일을 확인하고도 연착사실을 乙에게 통지하지 않았다면 계약은 10월 22일자로 성립한다.

⑪ 의사실현에 의한 계약의 성립은 청약자가 그 사실을 인식할 것을 전제로 한다.

⑫ 교차청약의 경우 늦게 도달하는 청약이 도달한 때에 계약이 성립한다.

71. 계약체결상의 과실책임에 관한 설명으로 옳은 것은?

① 건물매매계약 체결 후 제3자의 방화로 건물이 전소한 경우, 계약체결상의 과실책임이 인정될 수 있다.

② 목적의 불능에 대해 선의인 당사자는 과실이 있더라도 상대방에 대하여 계약체결상의 과실책임을 지지 않는다.

③ 계약체결상의 과실책임은 계약이 유효하게 이행되었더라면 상대방이 얻을 수 있었던 이익에 대한 배상을 내용으로 한다.

④ 계약체결상의 과실을 이유로 한 신뢰이익의 손해배상은 계약이 유효함으로 인하여 생길 이익액을 넘지 못한다.

⑤ 계약교섭이 부당파기된 경우, 상대방은 계약체결상의 과실로 인한 손해배상을 청구할 수 있다.

⑥ 계약이 의사의 불합치로 성립하지 않은 경우, 그로 인해 손해를 입은 당사자는 상대방이 계약이 성립되지 않을 수 있음을 알았거나 알 수 있었음을 이유로 계약체결상의 과실로 인한 손해배상청구를 할 수 있다.

⑦ 수량을 지정한 토지매매에서 실제면적이 계약면적에 미달하는 경우, 매수인은 매도인에 대해 그 미달부분의 원시적 불능을 이유로 계약체결상의 과실책임을 물을 수 있다.

72. 동시이행의 항변권에 관한 설명으로 옳은 것은?

① 쌍방의 채무가 별개의 계약에 기한 것이라도 당사자들은 특약으로 동시이행항변권을 성립시킬 수 있다.

② 동시이행관계에 있는 어느 일방의 채권이 양도되거나 법원의 전부명령에 의해 압류채권자에게 이전되면 동시이행관계는 소멸한다.

③ 동시이행관계에 있는 쌍방의 채무 중 일방의 채무가 채무자의 책임 있는 사유로 이행불능이 되어 손해배상채무로 바뀌면 동시이행관계는 소멸한다.

④ 선이행의무자가 그 이행을 지체하는 동안에 상대방 채무의 변제기가 도래한 경우, 쌍방의 의무는 동시이행관계가 된다.

⑤ 선이행의무자도 상대방의 이행이 곤란할 현저한 사유가 있는 때에는 동시이행항변권을 행사할 수 있다.

⑥ 상대방이 채무내용을 좇은 이행을 제공한 때에는 동시이행항변권을 행사할 수 없다.

⑦ 쌍무계약의 당사자 일방이 먼저 한 번 현실제공을 하여 상대방을 수령지체에 빠지게 하였다면, 그 이행의 제공이 계속되지 않더라도 상대방은 동시이행항변권을 행사하지 못한다.

⑧ 동시이행의 항변권을 가지고 있는 자는 이행기에 이행을 하지 않더라도 이행지체로 인한 책임을 지지 않는다.

⑨ ⑧에서와 같은 효과는 이행지체의 책임이 없다고 주장하는 자가 반드시 동시이행의 항변권을 행사하여야만 발생한다.

⑩ 동시이행항변권이 붙은 채권을 자동채권으로 하여 상계할 수 있다.

⑪ 동시이행의 항변권은 당사자의 원용이 없더라도 법원이 직권으로 조사하여 재판에 고려하여야 한다.

⑫ 채권자가 제기한 이행청구소송에서 채무자가 주장한 동시이행의 항변이 받아들여진 경우, 채권자는 전부패소판결을 받게 된다.

73. 양 당사자의 의무가 동시이행관계인 것은?

① 계약이 해제된 경우, 양 당사자의 원상회복의무

② 가압류된 부동산의 매매에서 매도인의 소유권이전등기의무 및 가압류등기말소의무와 매수인의 대금지급의무

③ 매수인이 양도소득세를 부담하기로 약정한 경우, 매도인의 소유권이전등기의무와 매수인의 양도소득세액 제공의무

④ 토지거래허가구역 내의 토지매매에서 매도인의 허가신청절차 협력의무와 매수인의 매매대금지급의무

⑤ 토지임차인이 건물매수청구권을 행사한 경우, 임차인의 건물명도 및 소유권이전등기의무와 임대인의 매매대금지급의무

⑥ 임차권등기명령에 의해 임차권등기가 경료된 경우, 임대인의 임차보증금반환의무와 임차인의 임차권등기말소의무

⑦ 구분소유적 공유관계가 해소되는 경우, 공유자 상호간의 지분이전등기의무

⑧ 채무자의 채무변제와 저당권자의 저당권설정등기말소

⑨ 채무의 담보를 위하여 채권자 앞으로 소유권이전등기를 경료한 경우, 채무자의 채무변제와 채권자의 소유권이전등기말소

⑩ 상가건물 임대차계약 종료 시 임차인의 건물반환의무와 임대인의 권리금회수방해로 인한 손해배상의무

⑪ 저당권실행경매가 무효인 경우, 낙찰자의 소유권이전등기말소의무와 저당권자의 배당금반환의무

74. 甲은 2025년 5월 1일 자신의 건물을 乙에게 매도하는 계약을 체결하고 5월 31일 소유권을 이전하기로 약정하였는데, 5월 20일 발생한 화재로 건물이 소실되고 말았다. 이에 관한 설명으로 틀린 것은?

① 그 화재가 甲과 乙 모두에게 책임 없는 사유로 발생한 것이라면 甲은 乙에게 매매대금의 지급을 청구할 수 없다.

② ①에서 甲은 乙로부터 이미 지급받은 매매대금은 반환할 필요가 없다.

③ 그 화재가 乙의 과실로 인한 것이라면 乙은 甲에게 매매대금을 지급하여야 한다.

④ 그 화재가 乙의 수령지체 중에 이웃의 과실로 인한 것이라면 甲은 乙에게 매매대금의 지급을 청구할 수 있다.

⑤ ④에서 甲은 자기의 채무를 면함으로써 얻은 이익을 乙에게 상환하여야 한다.

⑥ 위험부담에 관한 규정은 강행규정이므로, 甲과 乙이 민법 규정과 다른 내용의 특약을 하였다면 그 특약은 무효이다.

75. 甲은 자신의 토지를 乙에게 매도하고 중도금까지 수령하였으나, 그 토지가 공용
수용되어 소유권을 이전할 수 없게 되었다. 이에 관한 설명으로 틀린 것은?

① 乙은 소유권이전의무의 불이행을 이유로 甲에게 손해배상을 청구할 수 있다.

② 乙은 대상청구권(代償請求權)의 행사로서 甲에 대하여 보상금청구권의 양도를 청구
할 수 있다.

③ ②에서 甲이 보상금을 수령하였다면 乙은 甲에게 보상금의 반환을 청구할 수 있다.

④ 乙이 대상청구권을 행사하려면 甲에 대하여 매매대금을 지급하여야 한다.

⑤ 乙이 甲에게 매매대금 전부를 지급하면 수용보상금청구권 자체가 乙에게 귀속한다.

76. 제3자를 위한 계약에 관한 설명으로 옳은 것은?

① 중첩적(=병존적) 채무인수는 제3자를 위한 계약에 해당하지만, 면책적 채무인수나
이행인수는 이에 해당하지 않는다.

② 계약당사자가 제3자에 대하여 가진 채권에 관하여 그 채무를 면제하는 계약도
제3자를 위한 계약에 준하는 것으로 유효하다.

③ 제3자의 수익의 의사표시는 제3자를 위한 계약의 성립요건이다.

④ 제3자는 계약성립 당시에 현존·특정되어 있어야 한다.

⑤ 제3자를 위한 계약에는 조건이나 기한을 붙일 수 없다.

⑥ 수익의 의사표시를 할 수 있는 지위는 일신에 전속한 권리가 아니므로 양도, 상속,
채권자대위권의 대상이 될 수 있다.

77. 甲은 자기 소유의 가옥을 乙에게 매도하면서 丙에 대한 차용금채무를 변제하기
위해 매매대금은 丙에게 직접 지급해 줄 것을 요청하였고 乙은 이를 승낙하였다.
丙이 수익의 의사표시를 한 이후의 법률관계에 관한 설명으로 옳은 것은?

① 甲, 丙 간의 채권관계가 소멸하면 甲, 乙 간의 매매계약도 효력을 잃는다.

② 甲과 乙이 매매대금을 감액하기로 합의하였더라도 그 효력은 丙에게 미치지 않는다.

③ 甲은 乙에 대하여 '丙에게 급부를 이행할 것'을 요구할 권리는 없다.

④ 乙이 丙에게 매매대금을 지급하지 않으면 丙은 채무불이행을 이유로 매매계약을
해제할 수 있다.

⑤ 甲, 乙 간의 매매계약이 허위표시로서 무효인 경우, 乙은 그 무효로 선의인 丙에게
대항하지 못한다.

⑥ 乙이 甲의 사기를 이유로 매매계약을 취소한 경우, 선의의 丙에 대하여는 취소의
효과를 주장하지 못한다.

⑦ 丙이 수익의 의사표시를 한 이상 乙의 채무불이행이 있어도 甲은 丙의 동의 없이 매매계약을 해제할 수 없다.

⑧ 甲, 乙 간의 매매계약이 해제된 경우, 乙은 丙에게 계약해제로 인한 원상회복 또는 부당이득반환을 청구할 수 없다.

⑨ 甲이 乙의 채무불이행을 이유로 매매계약을 해제하면 丙의 대금채권은 소급하여 소멸하므로, 丙은 乙에게 채무불이행으로 인한 손해배상을 청구할 수 없다.

⑩ 丙의 대금지급청구에 대하여 乙은 甲과의 계약에 기한 항변으로 대항할 수 있지만, 甲, 丙 간의 법률관계에 기한 항변으로 대항할 수는 없다.

78. 계약해제의 요건에 관한 설명으로 틀린 것은?

① 약정해제권을 행사하는 경우에는 최고를 요하지 않는다.

② 약정해제권의 유보는 법정해제권의 성립에 영향을 미치지 않는다.

③ 이행지체를 이유로 하는 계약해제의 전제요건인 이행의 최고는 반드시 미리 일정한 기간을 명시하여 하여야 한다.

④ 이행거절로 인한 계약해제의 경우, 상대방의 최고 및 동시이행관계에 있는 자기 채무의 이행제공을 요하지 않는다.

⑤ 정기행위의 경우 이행지체가 있으면 계약은 해제의 의사표시 없이 자동으로 해제된다.

⑥ 매도인의 소유권이전의무가 매수인의 귀책사유로 이행불능이 된 경우에는 매수인은 매매계약을 해제할 수 없다.

⑦ 매도인의 소유권이전등기의무의 이행불능을 이유로 매수인이 매매계약을 해제하기 위해서는 동시이행관계에 있는 잔대금지급의무의 이행제공을 하여야 한다.

⑧ 부수적 채무의 불이행으로는 해제권이 발생하지 않는다.

⑨ 판례는 사정변경으로 인한 계약해제를 인정하지 않는다.

⑩ 당사자의 일방 또는 쌍방이 수인인 경우, 당사자 중 1인에 관하여 해제권이 소멸하면 다른 당사자의 해제권도 소멸한다.

79. 계약해제의 효과에 관한 설명으로 틀린 것은?

① 매매계약이 해제되면 매수인에게 이전되었던 소유권은 말소등기 없이도 매도인에게 자동으로 복귀한다.

② 계약이 해제되면 당사자는 이익의 현존 여부나 선의·악의를 불문하고 받은 급부의 전부를 부당이득으로 반환해야 한다.

③ 계약해제 시 반환할 금전에 부가하는 이자는 반환의무의 이행지체로 인한 손해배상의 의미를 가진다.

④ 계약해제 이전에 당사자의 일방이 목적물을 이용한 경우에는 그 사용이익과 함께 감가비까지 상대방에게 반환하여야 한다.

⑤ 계약의 해제로 인한 원상회복의무의 이행에도 과실상계의 법리가 적용된다.

⑥ 매매계약이 해제되기 전에 매수인의 재산이 된 매매계약의 목적물을 가압류한 자는 계약의 해제로부터 보호되는 민법 제548조 제1항 단서의 제3자에 해당한다.

⑦ 토지매매계약이 해제되기 전에 매수인과 그 토지에 대한 매매예약을 하고 소유권이전 청구권보전을 위한 가등기를 마친 자는 계약해제로부터 보호되는 제3자에 해당한다.

⑧ 미등기·무허가건물에 관한 매매계약이 해제되기 전에 매수인으로부터 그 건물을 다시 매수하고 무허가건물관리대장에 소유자로 등재된 자는 계약해제로부터 보호 되는 제3자에 해당한다.

⑨ 계약해제 이전에 해제로 인하여 소멸되는 계약상의 채권을 양수한 자는 계약해제의 효과에 반하여 자신의 권리를 주장할 수 없다.

⑩ 계약해제로 인하여 소멸되는 계약상의 채권을 압류 또는 전부(轉付)한 자도 계약해제 로부터 보호되는 제3자에 해당한다.

⑪ 계약해제의 소급효로부터 보호되는 제3자에는 해제 후 말소등기 전에 선의로 목적물 에 권리를 취득한 자도 포함된다.

⑫ 채무불이행을 이유로 계약을 해제하면 같은 사유로 다시 손해배상을 청구할 수 없다.

⑬ 채무불이행을 이유로 계약해제와 아울러 손해배상을 청구하는 경우, 신뢰이익의 배상 을 구하는 것이 원칙이다.

80. 甲은 자기 소유의 주택을 乙에게 매도하고 계약금과 중도금만 수령한 상태에서 乙의 부탁으로 주택을 인도하고 소유권이전등기까지 마쳐주었다. 그런데 그 후 乙이 잔금지급을 지체하자 甲은 이를 이유로 매매계약을 해제하였는데, 아직 乙 명의의 등기가 말소되지 않은 상태에서 이러한 사정을 모르는 丙이 乙로부터 그 주택을 임차하고 입주 및 전입신고를 마쳤다. 이에 관한 설명으로 옳은 것은?

① 甲이 계약을 해제한 후라도 아직 등기명의가 회복되지 않은 상태에서는 甲은 乙에게 소유물반환청구권을 행사할 수 없다.

② 甲의 매매대금반환의무와 乙의 주택인도의무는 동시이행의 관계에 있으므로 甲은 반환할 금전에 이자를 가산할 필요가 없다.

③ 乙은 丙으로부터 수령한 차임도 주택과 함께 甲에게 반환하여야 한다.

④ 丙은 주택의 소유권을 회복하는 甲에게 자신의 임차권으로 대항할 수 있고, 甲은 임대인의 지위를 자동으로 승계한다.

81. 해제와 구별되는 개념(합의해제, 해지)에 관한 설명으로 옳은 것은?

① 매매계약이 합의해제되면 매수인에게 이전되었던 소유권은 당연히 매도인에게 복귀한다.

② 계약의 합의해제로 인하여 반환할 금전에는 받은 날로부터의 이자를 가하여야 한다.

③ 계약이 합의해제된 경우 특별한 사정이 없는 한 일방은 상대방에게 채무불이행으로 인한 손해배상을 청구할 수 없다.

④ 계약이 합의해제된 경우에는 민법상 해제의 효과에 따른 제3자 보호규정이 적용되지 않는다.

⑤ 계약이 해지되면 계약은 소급해서 그 효력을 잃는다.

82. 매매에 관한 설명으로 옳은 것은?

① 매매계약은 성립 당시에 당사자가 누구인지가 구체적으로 특정되어 있어야 성립할 수 있다.

② 계약체결 당시 목적물과 대금이 구체적으로 확정되지 않았다면 매매계약이 성립할 수 없다.

③ 대금지급의 시기나 장소나 관한 합의가 없다면 매매계약은 성립할 수 없다.

④ 매매의 일방예약은 언제나 채권계약이다.

⑤ 당사자가 약정하는 예약완결권의 행사기간은 10년을 넘지 못한다.

⑥ 당사자 사이에 약정이 없는 경우, 예약완결권은 예약이 성립한 때로부터 10년 내에 행사되어야 한다.

⑦ 예약완결권의 제척기간이 도과하였는지 여부는 법원의 직권조사사항이다.

⑧ 예약완결권이 가등기된 후 목적물이 제3자에게 양도된 경우, 완결권자는 양수인을 상대로 완결권을 행사하여야 한다.

⑨ 당사자 일방에 대한 의무이행의 기한이 있는 때에는 상대방의 의무이행에 대하여도 동일한 기한이 있는 것으로 본다.

⑩ 목적물의 인도와 동시에 대금을 지급할 경우, 특별한 사정이 없으면 그 인도장소에서 대금을 지급하여야 한다.

⑪ 매수인이 매매대금을 완납한 후에도 아직까지 인도하지 않은 목적물로부터 생긴 과실은 매도인에게 속한다.

83. 甲은 자기 소유의 토지에 대한 매매계약을 乙과 체결하고 乙로부터 계약금을 수수하면서 "乙이 위약한 경우에는 甲이 계약금을 몰수하고, 甲이 위약한 경우에는 그 배액을 상환한다."는 특약을 하였다. 이에 관한 설명으로 옳은 것은?

① 계약금계약은 매매계약에 종된 계약이고 요물계약이다.

② 계약금은 별도의 약정이 없는 한 해약금으로 추정된다.

③ 계약금의 일부만 지급된 경우, 수령자는 실제 지급된 금원의 배액을 상환하는 것으로 매매계약을 해제할 수 있다.

④ 甲이 계약의 이행에 착수한 바가 없다면 乙은 중도금을 지급한 후에도 계약금을 포기하고 계약을 해제할 수 있다.

⑤ 만일 위 토지가 토지거래허가구역 내의 토지이고 거래허가를 받았다면 甲과 乙은 더 이상 계약금에 의한 해제를 할 수 없다.

⑥ 乙이 중도금지급기일 전에 중도금을 지급하는 경우, 甲은 그 수령을 거절하고 계약금의 배액을 상환하여 계약을 해제할 수 있다.

⑦ 甲과 乙이 계약금을 수수하면서 계약금에 의한 해제를 배제하는 약정을 하였다면 그 해제권을 행사할 수 없다.

⑧ 계약금에 의한 계약해제의 경우에도 원상회복이나 손해배상의 문제가 생길 수 있다.

⑨ 乙이 위약한 경우 甲이 실제로 입은 손해가 계약금을 넘는 때에는 甲은 이를 입증하여 그 초과금액을 청구할 수 있다.

⑩ 계약금을 위약금으로 하는 특약이 없었다면 乙의 귀책사유로 인해 매매계약이 해제되더라도 甲은 계약불이행으로 입은 실제 손해만을 배상받을 수 있을 뿐, 계약금이 위약금으로서 당연히 甲에게 귀속되는 것은 아니다.

84. 매도인의 담보책임에 관한 설명으로 틀린 것은?

① 매도인의 하자담보책임은 법이 특별히 인정한 무과실책임으로서, 여기에 과실상계의 규정이 준용될 수 없다.

② 매도인의 담보책임은 무과실책임이지만, 하자의 발생 및 그 확대에 가공한 매수인의 잘못이 있다면 이를 참작하여 손해배상의 범위를 정하여야 한다.

③ 타인의 권리를 매매한 매도인은 선의의 매수인에 대해 불능 당시의 시가를 표준으로 계약이 완전히 이행된 것과 동일한 경제적 이익을 배상할 의무가 있다.

④ 담보책임의 면제특약이 있는 경우, 매도인은 알면서 고지하지 않은 하자에 대해서도 그 책임을 면한다.

⑤ 매수인이 목적물에 관한 저당권의 피담보채무를 인수하는 것으로 매매대금의 지급에 갈음한 경우에는 저당권의 실행으로 소유권을 상실하더라도 매도인에게 담보책임을 물을 수 없다.

⑥ 매매계약 내용의 중요부분에 착오가 있는 경우, 매수인은 매도인의 하자담보책임이 성립하는지와 상관없이 착오를 이유로 매매계약을 취소할 수 있다.

⑦ 토지에 대한 수량지정매매에서 실제면적이 계약면적에 미달하는 경우, 매수인은 그 미달부분만큼 일부무효임을 들어 계약체결상의 과실책임을 물을 수 있다.

⑧ 가등기의 목적이 된 부동산의 매수인이 가등기에 기한 본등기로 인해 소유권을 상실한 경우, 선의인 경우에 한하여 계약을 해제하고 손해배상을 청구할 수 있다.

⑨ 가압류의 목적이 된 부동산의 매수인이 가압류에 기한 강제집행으로 소유권을 상실한 경우, 매수인은 선의·악의를 불문하고 계약을 해제하고 손해배상을 청구할 수 있다.

⑩ 건축을 목적으로 매매된 토지가 건축허가를 받을 수 없어 건축이 불가능한 경우, 이러한 법률적 제한 내지 장애도 매매목적물의 하자에 해당한다.

⑪ 매매목적물에 하자가 있는지 여부는 소유권이전시점을 기준으로 판단한다.

⑫ 매매목적물의 하자에 대해 선의인 매수인은 과실이 있더라도 매도인에 대하여 하자담보책임을 물을 수 있다.

⑬ 종류물매매에서 특정된 물건에 하자에 있는 경우, 매수인은 하자 없는 물건의 청구와 함께 손해배상을 청구할 수 있다.

⑭ 경매의 경우 물건의 하자에 대한 담보책임은 인정하지 않는다.

⑮ 경매에서 1차적으로 담보책임을 지는 자는 배당채권자이다.

⑯ 경매의 경우 원칙적으로 담보책임의 내용으로 손해배상청구권이 인정되지 않는다.

⑰ 경매절차가 무효인 경우, 경락인은 채무자나 배당채권자에게 담보책임을 물을 수 없다.

85. 매도인 甲과 매수인 乙은 X토지 1,000㎡에 대한 매매계약을 체결하였다. 매도인의 담보책임에 관한 설명으로 옳은 것은?

① X토지의 전부가 丙의 소유인 경우, 甲이 丙으로부터 소유권을 취득하여 乙에게 이전할 수 없는 때에는 乙은 선의·악의에 관계없이 매매계약을 해제할 수 있다.

② ①에서 선의의 乙은 甲의 귀책사유를 불문하고 손해배상을 청구할 수 있다.

③ ①에서 甲도 선의·악의에 관계없이 乙의 손해를 배상하고 매매계약을 해제할 수 있다.

④ 1,000㎡ 중 200㎡가 丙의 소유인 경우, 甲이 丙으로부터 200㎡의 소유권을 취득하여 乙에게 이전할 수 없는 때에는 乙은 선의인 경우에 한하여 대금감액을 청구할 수 있다.

⑤ ④에서 선의의 乙은 계약한 날로부터 1년 내에 권리를 행사하여야 한다.

⑥ 甲과 乙이 ㎡당 가격을 정하여 매매를 하였는데 X토지가 실제로는 900㎡밖에 되지 않는 경우, 乙은 선의·악의를 불문하고 대금감액을 청구할 수 있다.

⑦ X토지에 설정된 지상권으로 인하여 계약의 목적을 달성할 수 없는 경우, 악의인 乙도 계약을 해제할 수 있다.

⑧ X토지에 설정되어 있던 저당권이 실행되어 乙이 취득한 소유권을 잃은 때에는 乙은 악의인 경우에도 계약을 해제하고 손해배상을 청구할 수 있다.

86. 환매에 관한 설명으로 옳은 것은?

① 환매특약은 반드시 매매계약과 동시에 하여야 한다.

② 환매기간은 부동산은 5년, 동산은 3년을 넘지 못하고, 한 번 정하면 연장할 수 없다.

③ 환매대금에는 원칙적으로 대금의 이자가 포함된다.

④ 환매권이 행사되면 매수인은 목적물과 함께 그 과실도 매도인에게 반환하여야 한다.

⑤ 환매권은 일신전속권이므로 타인에게 양도할 수 없다.

⑥ 환매등기가 되어 있는 목적물을 제3자가 취득한 때에는 환매의 의사표시는 제3자(전득자)에 대하여 하여야 한다.

⑦ 환매로 인한 소유권취득은 등기를 요하지 않는다.

⑧ 환매권이 행사되면 환매등기 후에 경료된 제3자의 저당권 등 제한물권은 소멸한다.

87. 임대차에 관한 설명으로 옳은 것은?

① 건물 소유를 위한 토지임차인이 임차권등기를 하지 않았더라도 그 지상건물을 등기하면 제3자에 대하여 토지임대차의 효력을 주장할 수 있다.

② 부동산임차권이 대항력을 갖춘 경우에는 임차권 자체에 기한 방해배제청구권이 인정된다.

③ 임대차기간을 영구(永久)로 정한 임대차계약도 허용된다.

④ ③에서 임차인은 언제든지 영구 임대차기간에 관한 권리를 포기할 수 있으므로, 이때 임대차계약은 임차인에게는 기간의 정함이 없는 임대차가 된다.

⑤ 기간의 약정이 없는 토지나 건물의 임대차에서 임대인이 계약해지를 통고한 경우, 임차인이 그 통고를 받은 날로부터 1월이 경과하면 해지의 효력이 생긴다.

⑥ 임대차가 묵시적으로 갱신된 경우, 제3자가 제공한 담보는 소멸한다.

⑦ 임대인의 수선의무를 면제하는 약정은 임차인에게 불리한 것이어서 무효이다.

⑧ 임대인이 목적물을 사용·수익하게 할 의무를 불이행하여 목적물의 사용·수익이 부분적으로 지장이 있는 경우, 임차인은 차임 전부의 지급을 거절할 수 있다.

⑨ 통상의 임대차에서 임대인은 임차인의 안전을 배려하고 도난을 방지하는 등의 보호의무를 부담한다.

⑩ 임차인은 임대인의 연체차임청구에 대해 보증금으로 충당할 것을 청구할 수 있다.

⑪ 임차인이 임대차계약 종료 이후에도 동시이행의 항변권에 기하여 임차물을 계속 점유하고 사용·수익한 경우, 그 점유는 불법점유라 할 수 없어 그로 인한 손해배상책임이나 부당이득반환의무를 지지 않는다.

⑫ 임차인이 임대차 종료 후 동시이행항변권에 기하여 임차주택을 계속 점유하는 경우, 보증금반환채권에 대한 소멸시효는 진행하지 않는다.

88. 임차인의 권리(비용상환청구권, 지상물매수청구권, 부속물매수청구권)에 관한 설명으로 옳은 것은?

① 임차인은 임대인의 필요비상환의무의 불이행을 이유로 차임지급을 거절할 수 없다.

② 임차인은 유익비를 지출한 즉시 그 상환을 청구할 수 있다.

③ 임차인의 비용상환청구권은 임대차가 종료한 날로부터 6개월 내에 행사하여야 한다.

④ 임차인은 비용상환청구권에 기하여 임차물을 유치할 수 있다.

⑤ 건물의 임대차에서 임대차 종료 시 임차인이 건물을 원상복구하여 명도하기로 하는 약정은 유익비상환청구권을 미리 포기하는 특약으로 임차인에게 불리하여 무효이다.

⑥ 토지임차인의 채무불이행을 이유로 임대차계약이 해지된 경우에도 임차인의 건물 매수청구권이 인정된다.

⑦ 기간의 정함이 없는 토지임대차가 임대인의 해지통고로 인해 종료한 경우, 임차인은 계약갱신청구 없이 곧바로 건물매수청구권을 행사할 수 있다.

⑧ 무허가·미등기건물은 매수청구의 대상이 되지 않는다.

⑨ 건물이 임차지 외에 제3자 소유의 토지에 걸쳐서 건립되어 있는 경우, 임차지상에 있는 건물부분 중 구분소유의 객체가 될 수 있는 부분에 한하여 매수청구가 허용된다.

⑩ 임차인이 임대차기간 만료 전에 임차지 위에 건립된 건물을 타인에게 양도하였다면 건물매수청구권을 행사할 수 없다.

⑪ 토지소유자가 아닌 제3자가 토지를 임대한 경우에도 임대인은 지상물매수청구권의 상대방이 될 수 있다.

⑫ 토지임차인이 자기 소유의 지상건물에 관한 보존등기를 하였다면, 임대차 종료 후 토지를 양수한 신 소유자에게도 건물매수청구권을 행사할 수 있다.

⑬ 지상물매수청구권이 행사되면 임대인은 기존건물의 철거비용을 포함하여 임차인이 임차지상에 건물을 신축하기 위하여 지출한 모든 비용을 보상할 의무를 부담한다.

⑭ 근저당권이 설정되어 있는 건물도 매수청구의 대상이 된다.

⑮ ⑭에서 건물의 매수가격은 건물의 시가에서 근저당권의 피담보채무액을 공제한 금액으로 결정된다.

⑯ 건물매수청구권을 행사한 토지임차인은 임대인으로부터 매수대금을 지급받을 때까지 건물의 인도를 거부할 수 있으므로, 건물의 점유·사용을 통하여 그 부지를 계속하여 점유·사용하더라도 부지의 임료 상당액을 부당이득으로 반환할 의무가 없다.

⑰ 임대차기간이 만료되면 임차인이 지상건물을 철거하기로 하는 약정은 특별한 사정이 없는 한 무효이다.

⑱ 건물임차인의 채무불이행으로 임대차계약이 해지된 경우에도 부속물매수청구권이 인정된다.

⑲ 임차인의 특수목적에 사용하기 위해 부속된 것은 부속물매수청구의 대상이 될 수 없다.

⑳ 임차인은 부속물 매매대금채권에 기하여 임차건물에 대한 유치권을 행사할 수 있다.

㉑ 건물임차인의 부속물매수청구권은 당사자 간의 약정으로 배제할 수 있다.

89. 甲 소유의 부동산을 임차한 乙은 甲의 동의 없이 그 부동산을 丙에게 전대하였다. 이에 관한 설명으로 틀린 것은?

① 乙, 丙 간의 전대차계약은 무효이므로, 乙은 丙에 대하여 임대인으로서의 의무를 부담하지 않는다.

② 丙은 乙에 대한 권리로 甲에게 대항하지 못한다.

③ 甲은 丙에 대하여 불법점유를 이유로 차임 상당액의 손해배상이나 부당이득반환을 청구할 수 있다.

④ 특별한 사정이 없는 한 甲은 乙의 무단전대를 이유로 임대차계약을 해지할 수 있다.

⑤ 乙의 무단전대가 甲에 대한 배신행위라고 볼 수 없는 특별한 사정이 있을 때에는 甲에게 해지권이 발생하지 않는다.

90. 甲 소유의 부동산을 임차한 乙은 甲의 동의를 얻어 그 부동산을 丙에게 전대하였다. 이에 관한 설명으로 옳은 것은?

① 丙은 직접 甲에 대하여 임차인으로서의 권리를 취득하고 의무를 부담한다.

② 丙이 乙에게 전대차계약상의 차임지급시기 이전에 차임을 지급한 경우, 丙은 乙에 대한 차임의 지급으로써 甲에게 대항할 수 있다.

③ 丙은 전대차계약으로 乙에 대하여 부담하는 의무 이상으로 甲에게 의무를 지지 않는다.

④ 임대차와 전대차가 모두 종료한 경우, 丙이 甲에게 부동산을 반환하더라도 乙에 대한 반환의무를 면하지 못한다.

⑤ 甲과 乙의 임대차관계가 기간만료나 채무불이행으로 소멸하면 丙의 전차권도 소멸함이 원칙이다.

⑥ 甲과 乙이 임대차계약을 합의해지하면 乙의 임차권과 함께 丙의 전차권도 소멸한다.

⑦ 기간의 약정이 없는 임대차가 甲의 해지통고로 종료된 경우, 甲은 丙에게 그 사유를 통지하지 않으면 해지로써 丙에게 대항하지 못한다.

⑧ 甲이 乙의 차임 연체를 이유로 임대차계약을 해지한 경우, 甲은 丙에게 그 사유를 통지하지 않더라도 해지로써 丙에게 대항할 수 있다.

⑨ 甲과 丙은 직접적인 계약관계가 없으므로 丙은 甲에 대하여 지상물매수청구권이나 부속물매수청구권을 행사할 수 없다.

91. 주택임대차보호법에 관한 설명으로 옳은 것은?

① 임대차계약의 주된 목적이 주택의 사용·수익이 아니라 기존채권의 회수에 있는 경우에는 동법이 적용되지 않는다.

② 주택의 소유자는 아니지만 적법한 임대권한을 가진 사람과 임대차계약을 체결한 경우에는 동법이 적용된다.

③ 임대인은 임차인이 임대차기간 만료 6개월 전부터 종료 시까지 사이에 계약갱신을 요구할 경우, 정당한 사유 없이 거절하지 못한다.

④ 임차인의 경미한 과실로 주택의 일부가 파손된 경우, 임대인은 임차인의 계약갱신 요구를 거절할 수 있다.

⑤ 주택임대인의 지위를 승계한 임차주택의 양수인도 그 주택에 실제 거주하려는 경우, 임차인의 계약갱신요구를 거절할 수 있다.

⑥ 임차인은 계약갱신요구권을 1회에 한하여 행사할 수 있다.

⑦ 임차인의 갱신요구에 의해 갱신되는 임대차의 존속기간은 전 임대차와 동일하다.

⑧ 임차인은 갱신된 임대차기간이 개시되기 전에도 해지통지를 할 수 있다.

⑨ 임차인의 해지통지는 임대인이 그 통지를 받은 날부터 1개월이 지나면 효력이 생긴다.

⑩ 임차인의 계약갱신요구에 의해 갱신되는 경우, 차임과 보증금은 증액할 수 없다.

92. 주택임차권의 대항력에 관한 설명으로 틀린 것은?

① 간접점유자의 주민등록도 주택임차권의 유효한 공시방법이 될 수 있다.

② 임차인이 주택을 인도받고 전입신고를 마친 날에 그 주택에 저당권이 설정되었다가 후에 실행되는 경우, 임차인은 경락인에게 임차권으로 대항할 수 없다.

③ 입주와 주민등록을 마친 주택의 소유자가 주택을 매도하고 이를 다시 임차한 경우, 임차권의 대항력은 매수인 명의의 소유권이전등기가 경료된 다음 날부터 발생한다.

④ 임차인이 대항력을 갖춘 후 임차주택이 양도된 경우, 임차인의 이의제기가 없는 한 임차인은 임대차가 종료한 후 양수인에 대하여만 보증금의 반환을 청구할 수 있다.

⑤ 대항력을 갖춘 임차인의 보증금반환채권이 가압류된 상태에서 주택이 양도된 경우, 가압류채권자는 양도인에 대하여만 가압류의 효력을 주장할 수 있다.

⑥ 임차인의 주민등록이 임차인의 의사에 의하지 않고 제3자에 의해 임의로 이전된 경우에는 대항력이 소멸하지 않는다.

⑦ 주민등록이 직권말소된 후 주민등록법의 이의절차에 의해 재등록이 이루어진 경우, 그 재등록 전에 주택에 새로운 이해관계를 맺은 선의의 제3자에 대해서도 기존의 대항력이 유지된다.

⑧ 대항력을 갖춘 임차인이 그 주택을 적법하게 전대한 경우, 임차인 또는 전차인의 주민등록 중 하나만 있으면 대항력이 유지된다.

⑨ 저당권설정등기 이전에 대항력을 갖춘 임차인이 저당권설정등기 이후에 임대인과의 합의로 보증금을 증액한 경우, 증액부분에 관하여는 경락인에게 대항할 수 없다.

⑩ 저당권이 설정된 주택을 임차하여 대항력을 갖춘 임차인은 후순위 저당권이 실행되더라도 경락인에게 대항할 수 없다.

⑪ 보증금이 모두 변제되지 않은 대항력 있는 임차권은 경매로 소멸하지 않는다.

⑫ ⑪에서 임차인은 그 잔액에 관하여 경락인에게 대항하여 임대차의 존속을 주장할 수 있고, 제2경매절차에서 우선변제에 의한 배당을 받을 수도 있다.

⑬ 주택임차인이 그 지위를 강화하고자 별도로 전세권설정등기를 마쳤다면 그 후 주택임대차보호법상의 대항요건을 상실하더라도 이미 취득한 임차권의 대항력 및 우선변제권을 상실하지 않는다.

⑭ 임차인이 대항력을 상실한 이후에 임차권등기를 마친 경우, 소멸하였던 대항력이 소급하여 회복된다.

93. 보증금의 회수에 관한 설명으로 옳은 것은?

① 임차인이 보증금반환청구소송의 확정판결에 기해 주택에 대한 경매를 신청하는 경우 반대의무(=주택명도의무)의 이행이나 이행제공을 집행개시요건으로 하지 않는다.

② 주택의 인도와 주민등록은 우선변제권 취득 시에만 구비하면 족한 것이 아니고 배당요구종기까지 존속하고 있어야 한다.

③ 우선변제권이 인정되기 위해서는 대항요건과 확정일자를 갖추는 것 외에 계약 당시 보증금이 전액 지급되어 있을 것을 요한다.

④ 확정일자를 입주 및 주민등록과 같은 날 또는 그 이전에 갖춘 경우, 우선변제권은 확정일자를 갖춘 날을 기준으로 발생한다.

⑤ 대항요건과 확정일자를 갖춘 주택임차인은 선순위 가압류채권자보다 우선하여 보증금을 변제받을 권리가 있다.

⑥ 주택임차인은 임차주택뿐만 아니라 그 대지의 환가대금으로부터도 우선변제를 받을 수 있다.

⑦ 임대차계약 성립 당시 임대인의 소유였던 대지가 타인에게 양도되어 주택과 대지의 소유자가 달라진 경우에는 대지의 환가대금에 대하여 우선변제권을 행사할 수 없다.

⑧ 금융기관이 우선변제권을 취득한 임차인의 보증금반환채권을 양수한 경우, 양수한 금액의 범위에서 우선변제권을 승계한다.

⑨ 임차인이 보증금 중 일정액을 다른 담보물권자보다 우선하여 변제를 받기 위해서는 임차주택에 대한 경매신청등기 전에 대항요건과 확정일자를 갖추어야 한다.

⑩ 소액임차인에 해당하는지 여부는 임차인이 대항요건을 구비한 때가 아니라 주택에 대한 담보물권을 취득한 때를 기준으로 정하여야 한다.

⑪ 보증금 중 일정액에 대한 우선변제권은 조세에 우선한다.

⑫ 미등기주택의 임차인은 대지에 대한 경매신청등기 전에 대항요건을 구비하였더라도 대지의 환가대금으로부터 보증금 중 일정액에 대한 우선변제를 받을 수 없다.

⑬ 대지에 관한 저당권이 설정된 후에 신축된 주택을 임차한 임차인은 대지의 경매대금에 대하여 보증금 중 일정액에 대한 우선변제를 받을 수 없다.

⑭ 임차권등기명령에 의한 임차권등기를 마친 임차인은 배당요구를 하지 않아도 당연히 배당받을 채권자에 속한다.

⑮ 임차권등기명령에 의한 임차권등기가 끝난 주택을 그 이후에 임차한 임차인은 보증금 중 일정액에 대한 우선변제를 받을 권리가 없다.

⑯ 임차권등기명령의 신청과 등기비용은 임차인이 부담한다.

⑰ 임차권등기명령에 의한 임차권등기가 경료되면 보증금반환채권의 소멸시효가 중단된다.

94. 상가건물임대차보호법에 관한 설명으로 옳은 것은?

① 동법이 적용되는 상가건물에 해당하는지는 공부상의 표시가 아닌 실질적으로 영업용으로 사용하느냐에 따라 판단한다.

② 대항력, 우선변제권, 최단존속기간, 계약갱신요구권, 3기 차임 연체 시 해지, 권리금 회수기회 보호, 집합제한조치로 인한 폐업 시 계약해지에 관한 규정은 보증금의 규모에 관계없이 적용된다.

③ 대통령령으로 정한 보증금액을 초과하는 임대차에서 그 존속기간을 정하지 않은 경우, 임차인의 계약갱신요구권은 발생할 여지가 없다.

④ 사업자등록신청서에 첨부한 임대차계약서상의 목적물의 소재지가 등기부상의 표시와 불일치하는 경우, 그 사업자등록은 유효한 임대차의 공시방법이 될 수 없다.

⑤ 상가건물을 임차하고 사업자등록을 마친 사업자가 그 건물을 전대한 경우, 임차인이 대항력과 우선변제권을 유지하기 위해서는 전차인이 사업자등록을 하여야 한다.

⑥ 임차인이 임대차 종료 이후에 보증금을 반환받기 전에 임차목적물을 점유하고 있는 경우, 임차인은 시가에 따른 차임 상당의 부당이득반환의무를 부담한다.

⑦ 임차인의 계약갱신요구권은 최초의 임대차기간을 제외한 전체 기간이 10년을 초과하지 않는 범위에서만 행사할 수 있다.

⑧ 임대인이 임차인의 계약갱신요구를 거절할 수 있기 위해서는 반드시 계약갱신요구권을 행사할 당시에 3기분의 차임이 연체되어 있어야 한다.

⑨ 임대인의 동의를 얻어 전대차계약을 체결한 전차인은 임차인의 계약갱신요구권 행사 기간 이내에 임차인을 대위하여 임대인에게 계약갱신요구권을 행사할 수 있다.

⑩ 상가의 임차인이 임대차기간 만료 1개월 전부터 만료일 사이에 갱신거절의 통지를 한 경우, 임대차계약은 묵시적 갱신이 인정되지 않고 임대차기간의 만료일에 종료한다.

⑪ 묵시적 갱신(=법정갱신)은 10년을 초과하지 않는 범위 내에서만 인정된다.

⑫ 상가건물의 임차인이 갱신 전부터 차임을 연체하기 시작하여 갱신 후에 차임연체액이 3기의 차임액에 이른 경우, 임대인은 갱신된 임대차계약을 해지할 수 있다.

⑬ 임대인은 임대차기간이 끝나기 6개월 전부터 1개월 전까지 사이에 임차인이 권리금계약에 따라 신규임차인이 되려는 자로부터 권리금을 지급받는 것을 방해하여서는 안 된다.

⑭ 최초의 임대차기간을 포함한 전체 임대차기간이 10년을 초과하여 임차인이 계약갱신요구권을 행사할 수 없는 경우에는 임대인은 권리금회수기회 보호의무를 부담하지 않는다.

⑮ 임대인이 임대차 종료 후 상가건물을 1년 6개월 이상 영리목적으로 사용하지 않을 경우에는 임대인은 임차인이 주선한 신규임차인이 되려는 자와의 임대차계약의 체결을 거절할 수 있다.

⑯ 임대인이 스스로 영업할 계획이 있을 때에는 임차인이 주선한 신규임차인과의 계약 체결을 거절할 수 있다.

⑰ 권리금회수방해를 이유로 한 임대인의 손해배상책임을 인정하기 위하여는 반드시 임차인과 신규임차인이 되려는 자 사이에 권리금계약이 미리 체결되어 있어야 한다.

⑱ 권리금회수의 방해로 인해 임대인이 임차인에게 배상할 손해배상액은 신규임차인이 임차인에게 지급하기로 한 권리금과 임대차 종료 당시의 권리금 중 높은 금액을 넘지 못한다.

⑲ 임대인의 권리금회수기회 방해로 인한 손해배상채무는 임대차가 종료한 날 이행기가 도래하여 그 다음 날부터 지체책임이 발생한다.

⑳ 권리금회수 방해로 인한 임차인의 임대인에 대한 손해배상청구권의 소멸시효기간은 임대인의 방해행위가 있는 날로부터 3년이다.

㉑ 상가건물이 대규모점포 또는 준대규모점포의 일부이거나 국·공유재산인 경우에는 임차인의 권리금회수기회 보호에 관한 규정이 적용되지 않는다.

95. 집합건물의 소유 및 관리에 관한 법률에 관한 설명으로 틀린 것은?

① 건물의 구분된 각 부분이 구조상·이용상의 독립성을 갖추고 있더라도 구분건물로 등기부에 등기되지 않았다면 구분소유권이 성립하지 않는다.

② 공유자는 전유부분과 분리하여 공용부분에 대한 지분을 처분할 수 없다.

③ 공용부분에 대한 물권의 득실변경은 등기를 요하지 않는다.

④ 각 구분소유자는 공용부분을 지분의 비율에 따라 사용할 수 있다.

⑤ 공용부분의 변경에 관한 사항(구분소유권 및 대지사용권의 범위나 내용에 변동을 일으키는 경우가 아님)은 구분소유자 및 의결권의 4분의 3 이상의 결의로써 결정한다.

⑥ 구분소유자는 공용부분에 대한 보존행위를 각자 단독으로 할 수 있다.

⑦ 구분소유자가 다른 구분소유자의 동의 없이 공용부분을 독점적으로 점유·사용하고 있는 경우, 다른 구분소유자는 공용부분의 보존행위로서 그 인도를 청구할 수 있다.

⑧ 구분소유자 중 일부가 정당한 권원 없이 복도, 계단 등의 공용부분을 배타적으로 점유·사용함으로써 다른 구분소유자들이 해당 공용부분을 사용할 수 없게 되었다면 그로 인해 얻은 이익을 부당이득으로 반환할 의무가 있다.

⑨ 등기가 되지 않은 채권적 토지사용권은 대지사용권이 될 수 없다.

⑩ 구분소유자는 전유부분과 분리하여 대지사용권을 처분할 수 없는 것이 원칙이나, 규약으로 달리 정한 때에는 대지사용권만 분리처분할 수 있다.

⑪ 전유부분과 분리한 대지사용권만의 처분은 법원의 강제경매절차에 의한 것이라도 무효이다.

⑫ 구분소유권이 성립한 후에 대지에 대해서만 경료된 근저당권설정등기는 무효로서 말소되어야 한다.

⑬ 구분소유자는 건물의 대지 전부를 지분의 비율에 따라 사용할 수 있다.

⑭ 정당한 권원 없는 사람이 공용부분이나 대지를 점유·사용하는 경우, 구분소유자뿐만 아니라 관리단도 그 자를 상대로 부당이득반환을 구하는 소를 제기할 수 있다.

⑮ 관리인은 구분소유자 중에서 선임되어야 하며, 그 임기는 3년의 범위에서 규약으로 정한다.

⑯ 관리인은 매년 1회 이상 구분소유자 및 그의 승낙을 받아 전유부분을 점유하는 자에게 사무에 관한 보고를 하여야 한다.

⑰ 관리위원회의 위원은 구분소유자 중에서 관리단집회의 결의에 의해 선출한다.

⑱ 관리단집회에서 결의할 사항에 관하여 구분소유자 및 의결권의 각 5분의 4 이상이 서면이나 전자적 방법으로 합의하면 관리단집회를 소집하여 결의한 것으로 본다.

⑲ 집합건물의 시공자는 분양자와는 달리 구분소유자에 대하여 담보책임을 지지 않는다.

96. 가등기담보 등에 관한 법률에 관한 설명으로 옳은 것은?

① 매매대금채권을 담보하기 위한 가등기담보나 양도담보에도 동법이 적용된다.

② 재산권이전의 예약 당시 선순위 저당권이 설정되어 있는 경우에는 재산가액에서 그 피담보채무액을 공제한 나머지 가액이 원리금 합산액을 초과하는 경우에만 동법이 적용된다.

③ 채권자가 담보목적 부동산에 관하여 가등기나 소유권이전등기를 마치지 않은 경우에는 동법이 적용되지 않는다.

④ 동법은 가등기담보권의 실행방법으로 귀속정산만을 규정하고 처분정산의 방법에 의한 담보권실행을 인정하지 않는다.

⑤ 채권자가 청산금지급 이전에 본등기이전과 담보목적물을 인도받을 것을 내용으로 하는 처분정산형의 담보권실행은 허용되지 않는다.

⑥ 가등기담보권자가 담보권실행을 통하여 우선변제받게 되는 피담보채권(원본, 이자, 위약금, 지연배상금, 실행비용)의 범위는 통지 당시를 기준으로 확정된다.

⑦ 청산금이란 통지 당시의 담보목적 부동산의 가액에서 가등기에 의해 담보된 채권액과 후순위 담보권에 의하여 담보된 채권액을 공제한 금액을 말한다.

⑧ 가등기담보권자가 채무자에게 청산금을 지급함에 있어서 선순위 가압류의 채권액은 공제할 채권액에 포함되지 않는다.

⑨ 채권자가 나름대로 평가한 청산금액이 객관적인 평가액에 미치지 못하는 경우에는 그 실행통지는 효력이 없다.

⑩ 통지의 상대방에는 채무자 이외에 물상보증인은 포함되지만, 담보가등기 후 소유권을 취득한 제3취득자는 포함되지 않는다.

⑪ 채권자는 청산금의 평가액을 통지한 후에라도 그것이 불합리하게 산정되었음을 증명하여 그 액수를 다툴 수 있다.

⑫ 가등기담보권자가 담보권을 실행하여 담보목적 부동산의 소유권을 취득하기 위해서는 담보권실행통지가 채무자 등에게 도달한 날부터 3개월이 지나야 한다.

⑬ 가등기담보권자가 청산기간이 지나기 전에 채무자에게 청산금을 지급한 경우, 이로써 후순위 권리자에게 대항할 수 없다.

⑭ 담보가등기권리자가 집행법원이 정한 기간 안에 채권신고를 하지 않으면 매각대금을 배당받을 권리를 상실한다.

⑮ 가등기담보권자가 경매절차에서 채권 전액을 변제받지 못한 경우, 가등기담보권은 매각으로 소멸하지 않는다.

⑯ 가등기담보권자가 담보목적 부동산의 경매를 청구하여 경매절차가 진행 중인 때에도 그 가등기에 따른 본등기를 청구할 수 있다.

⑰ 채권담보의 목적으로 부동산소유권을 이전한 경우, 그 부동산에 대한 사용·수익권은 원칙적으로 양도담보권자(=채권자)에게 있다.

⑱ 양도담보권자가 청산절차 없이 목적부동산을 제3자에게 처분한 경우, 제3자는 선의인 경우에 한하여 소유권을 취득한다.

⑲ ⑱에서 양도담보권자는 채무자에 대하여 불법행위로 인한 손해배상책임을 진다.

⑳ 담보목적의 소유권이전등기에 대한 채무자의 말소청구권은 변제기 도래 후 10년이 지나면 제척기간의 경과로 확정적으로 소멸하고, 채권자(=양도담보권자)는 담보목적 부동산의 소유권을 확정적으로 취득한다.

㉑ ⑳에서 채권자는 더 이상 채무자에게 청산금을 지급할 의무가 없다.

97. 乙은 甲에 대한 대여금채권을 담보할 목적으로 甲 소유의 건물에 가등기를 경료하였고, 그 후 丙은 그 건물에 저당권을 취득하였다. 甲이 乙에 대한 채무를 이행하지 않아 乙이 담보권을 실행하는 경우의 법률관계에 관한 설명으로 틀린 것은?

① 청산금이 없는 경우에도 乙은 그 취지를 甲에게 통지하고 2개월이 지나야 가등기에 기한 본등기를 청구할 수 있다.

② 乙이 甲에게 통지를 하였으나 丙에게는 통지를 하지 않은 경우, 甲은 이를 이유로 담보권의 실행을 거부할 수 있다.

③ 甲은 청산기간이 경과한 후에도 乙로부터 청산금을 변제받을 때까지는 채무를 변제하고 가등기의 말소를 청구할 수 있다.

④ 丙은 자기 채권의 변제기가 도래하기 전이라도 청산기간 내에 한하여 건물의 경매를 청구할 수 있다.

⑤ 乙이 청산금을 지급하기 전에 丙의 경매신청이 행하여진 경우 乙은 더 이상 가등기에 따른 본등기를 청구할 수 없다.

⑥ 丙의 저당권실행으로 건물이 매각되더라도 선순위인 乙의 담보가등기권리는 소멸하지 않는다.

98. 부동산의 명의신탁에 관한 설명으로 틀린 것은?

① 부동산소유권 또는 그 공유지분은 명의신탁의 대상이 되지만, 용익물권은 명의신탁의 대상이 될 수 없다.

② 농지법에 따른 제한을 회피할 목적으로 명의신탁약정을 하고 명의수탁자 명의로 등기를 한 경우, 그것은 불법원인급여에 해당한다.

③ 부동산실명법을 위반하여 무효인 양자간 등기명의신탁에서 명의신탁자는 명의수탁자를 상대로 소유권에 기하여 원인무효인 소유권이전등기의 말소를 구하거나 진정명의 회복을 원인으로 한 소유권이전등기절차의 이행을 구할 수 있다.

④ 무효인 명의신탁약정을 전제로 명의신탁자의 명의수탁자에 대한 소유권이전등기청구권을 확보하기 위하여 명의신탁자 명의로 가등기를 경료한 경우, 그 가등기 역시 무효이다.

⑤ 명의신탁약정과 그에 따른 등기의 무효로써 대항하지 못하는 동법 제4조 제3항의 '제3자'란 소유권 등 물권을 취득한 자를 말하고, 압류 또는 가압류채권자는 여기에 포함되지 않는다.

⑥ 매도인이 악의인 계약명의신탁에서 명의수탁자로부터 명의신탁의 목적물인 주택을 임차하여 대항요건을 갖춘 임차인은 명의수탁자의 소유권이전등기가 말소됨으로써 등기명의를 회복하게 된 매도인에 대해 자신의 임차권을 대항할 수 있다.

⑦ 명의신탁약정이 3자간 등기명의신탁인지 계약명의신탁인지의 구별은 계약당사자가 누구인가를 확정하는 문제로 귀결된다.

⑧ 타인을 통하여 부동산을 매수하면서 매수인 명의를 그 타인 명의로 하기로 하였다면 특별한 시정이 없는 한 그 명의신탁관계는 계약명의신탁에 해당한다.

⑨ 계약명의자가 명의수탁자로 되어 있다 하더라도 명의수탁자가 아니라 명의신탁자에게 계약에 따른 법률효과를 직접 귀속시킬 의도로 계약을 체결한 사정이 인정된다면 그 명의신탁관계는 3자간(=중간생략형) 등기명의신탁으로 보아야 한다.

99. 甲은 乙과 명의신탁약정을 맺고 丙 소유의 X토지를 매수하면서 丙에게 부탁하여 직접 乙 명의로 소유권이전등기를 하였다. 다음 설명 중 틀린 것은?

① 甲, 乙 간의 명의신탁약정과 그에 따른 물권변동은 모두 무효이다.

② 甲은 乙을 상대로 부당이득반환을 원인으로 하는 소유권이전등기를 청구할 수 있다.

③ 甲은 丙을 대위하여 乙 명의의 소유권이전등기의 말소를 청구할 수 있다.

④ 甲이 X토지를 인도받아 점유하고 있다면 甲의 丙에 대한 소유권이전등기청구권은 소멸시효에 걸리지 않는다.

⑤ 乙이 자의로 甲에게 경료해 준 소유권이전등기는 실체관계에 부합하는 등기로서 유효하다.

⑥ 乙로부터 X토지를 전득한 丁은 선의·악의에 관계없이 소유권을 취득한다.

⑦ ⑥에서 乙이 X토지를 임의로 처분하더라도 형사상 횡령죄가 성립하지 않으므로, 乙은 甲에 대하여 민사상 불법행위책임을 부담하지 않는다.

⑧ 乙이 X토지를 임의로 처분하거나 강제수용이나 협의취득을 원인으로 제3자 명의로 소유권이전등기가 마쳐진 경우, 乙은 甲에게 그 이익을 부당이득으로 반환할 의무가 없다.

⑨ 乙이 戊에게 X토지에 관한 근저당권을 설정해 준 경우, 戊는 선의·악의에 관계없이 유효하게 근저당권을 취득한다.

⑩ ⑨에서 丙은 乙에게 근저당권의 피담보채무액 상당의 부당이득반환을 청구할 수 있다.

100. 丙 소유의 X토지를 취득하고자 하는 甲은 乙과 명의신탁약정을 맺고 乙에게 매수자금을 주면서 丙과 매매계약을 체결하도록 하였다. 乙은 甲의 부탁대로 명의신탁약정이 있음을 모르는 丙과 매매계약을 체결하고 소유권이전등기를 경료받았다. 이에 관한 설명으로 틀린 것은?

① 甲, 乙 간의 명의신탁약정은 丙의 선의·악의에 관계없이 무효이다.

② 丙, 乙 간의 X토지에 대한 매매계약과 그에 따른 물권변동은 유효하다.

③ 丙이 매매계약 체결 이후 명의신탁사실을 알게 되더라도 매매계약과 등기의 효력에는 영향이 없다.

④ 乙은 甲으로부터 제공받은 매수자금을 부당이득으로 반환하여야 한다.

⑤ X토지를 점유하는 甲은 乙의 소유물반환청구에 대해 매수자금반환청구권에 기한 유치권으로 대항할 수 있다.

⑥ 甲의 지시에 따라 乙이 X토지를 처분하여 그 처분대금을 甲에게 반환하기로 한 약정은 유효하다.

⑦ 乙이 완전한 소유권취득을 전제로 사후적으로 甲과 매수자금반환의무의 이행에 갈음하여 X토지를 양도하기로 약정하고 甲 앞으로 소유권이전등기를 마쳤다면 그 등기는 유효하다.

⑧ 만일 丙이 甲, 乙 간의 명의신탁약정을 알았다면 X토지에 관한 乙 명의의 소유권이전등기는 무효이다.

⑨ ⑧에서 乙이 X토지를 제3자에게 처분하여 丙이 토지소유권을 상실하더라도 丙이 乙로부터 매매대금을 수령한 상태라면 丙은 乙에게 불법행위로 인한 손해배상을 청구할 수 없다.

⑩ 만일 乙이 경매절차에서 X토지를 낙찰받은 것이라면 丙이 명의신탁사실을 알고 있었거나 丙이 명의신탁자와 동일인인 경우에도 乙은 X토지의 소유권을 취득한다.

문제	정답	문제	정답
1	3, 5	26	1, 6, 7, 8, 10, 12
2	2, 3	27	1, 6, 7, 12, 13, 14, 15, 16
3	3	28	3, 4, 5, 6, 9, 10
4	5	29	3
5	1, 3, 7, 9	30	4
6	1, 3	31	4, 7, 8, 9
7	1, 2, 3, 4, 6, 7, 8, 11, 13, 14	32	2, 3, 7,
8	1, 6	33	4
9	1, 2, 10, 11	34	1, 2, 4, 5, 6, 9, 13
10	2, 3, 5	35	2, 7
11	3, 4, 7, 8, 10	36	1, 2, 5
12	3, 4, 6, 8, 9, 10, 15, 17, 18, 19	37	5, 6, 7
13	7	38	7, 10
14	1, 3, 5, 7, 8, 10, 15, 16	39	3, 7
15	2, 3, 5, 6, 11	40	6, 8, 9
16	2	41	1, 2, 8, 15
17	2, 3, 4, 7	42	1, 2, 7, 8
18	3, 4, 7	43	1, 4, 6
19	2	44	2, 5
20	3, 5, 6, 8, 10	45	6, 7, 9, 10
21	1, 3, 5, 6	46	3, 4, 5, 7, 12
22	4, 5, 7	47	3, 5, 7, 8, 12
23	4, 6, 7, 8, 10, 12, 13	48	5, 6
24	1, 2, 8, 12	49	5, 6
25	1, 3, 6, 7, 8	50	1, 4, 6, 7, 8

문제	정답	문제	정답
51	1, 4, 5, 7, 8, 10, 12, 16, 17	76	1, 2, 6
52	2, 3	77	2, 8, 10
53	2, 3, 4, 7, 9, 10, 12	78	3, 5, 7, 9
54	1, 2, 4, 7	79	3, 4, 5, 8, 10, 12, 13
55	9, 10	80	3, 4
56	1, 3, 6, 8	81	1, 3
57	2, 3, 4, 6, 8, 11, 14	82	1, 4, 6, 7, 10
58	1, 2, 6, 7, 8, 11, 13, 18, 19	83	1, 2, 7, 10
59	1, 3, 4, 11	84	4, 7, 8, 11, 12, 13, 15
60	2, 7, 8, 10, 12, 15, 17	85	1, 2, 8
61	1, 3	86	1, 2, 6, 8
62	5, 6, 7, 12, 13, 17, 18	87	1, 2, 3, 4, 6, 12
63	4, 5	88	4, 7, 9, 10, 12, 14, 17, 19
64	3, 5, 6	89	1, 3
65	3, 5, 8	90	3, 5, 7, 8
66	2, 4, 6, 8	91	1, 2, 5, 6, 8
67	1, 3, 4	92	1, 5, 8, 12, 13, 14
68	2, 4, 5, 6, 11, 12, 15, 16	93	1, 2, 6, 8, 10, 11, 13, 14, 15
69	6, 7	94	1, 3, 4, 5, 9, 10, 12, 15, 19, 21
70	7, 9, 12	95	1, 4, 5, 7, 9, 13, 15, 18, 19
71	4	96	2, 3, 5, 6, 13, 14, 18, 19, 20
72	1, 4, 5, 6, 8	97	2, 6
73	1, 2, 3, 5, 7	98	1, 2, 5
74	2, 6	99	2, 7, 8, 10
75	1, 5	100	5, 6

제36회 공인중개사 시험대비 **전면개정**

2025 박문각 공인중개사
서석진 파이널 패스 100선 **1차** 민법·민사특별법

초판인쇄 | 2025. 8. 5.　**초판발행** | 2025. 8. 10.　**편저** | 서석진 편저

발행인 | 박 용　**발행처** | (주)박문각출판　**등록** | 2015년 4월 29일 제2019-000137호

주소 | 06654 서울시 서초구 효령로 283 서경빌딩 4층　**팩스** | (02)584-2927

전화 | 교재 주문 (02)6466-7202, 동영상문의 (02)6466-7201

정가 16,000원

ISBN 979-11-7519-039-9